간단한 레시피로 만드는
근사한 식탁
한그릇
주말요리

간단한 레시피로 만드는
근사한 식탁

한그릇
주말요리

간단한 레시피로 만드는
근사한 식탁

한그릇 주말요리

간단한 레시피로 만드는
근사한 식탁

한그릇 주말요리

초판 인쇄일 _ 2011년 11월 14일
초판 발행일 _ 2011년 11월 21일
지은이 _ 박혜성
발행인 _ 박정모
등록번호 _ 제9–295호
발행처 _ 도서출판 **혜지원**
주소 _ (130–844) 서울시 동대문구 장안 1동 420–3호
전화 _ 02)2212–1227, 2213–1227 / **팩스** _ 02)2247–1227
홈페이지 _ www.hyejiwon.co.kr

편집진행 _ 송유선
디자인 · 본문편집 _ 박혜경
표지디자인 _ 안홍준
영업마케팅 _ 김남권, 황대일, 서지영
ISBN _ 978–89–8379–701–8
정가 _ 13,000원

Copyright ⓒ 2011 by 박혜성 All rights reserved.
No Part of this book may be reproduced or transmitted in any form, by any means without the prior written permission on the publisher.
이 책은 저작권법에 의해 보호를 받는 저작물이므로 어떠한 형태의 무단 전재나 복제도 금합니다.
본문 중에 인용한 제품명은 각 개발사의 등록상표이며, 특허법과 저작권법 등에 의해 보호를 받고 있습니다.

간단한 레시피로 만드는
근사한 식탁

한그릇 주말요리

요리·사진·글 박혜성

혜지원

맛있는 음식을 만들어 예쁜 그릇에 담아내는 걸 좋아하고, 제가 만든 음식을 먹으며 말없이 엄지를 추켜들며 행복해 하는 가족들의 모습에 웃음 짓는 저는 결혼 16년차 평범한 주부랍니다.

맛있는 음식, 예쁜 그릇, 음식 사진 찍는 걸 좋아하는 제게 2009년 4월에 시작한 요리 블로그는 매일 반복되는 무료한 일상에 소소한 즐거움을 주는 저만의 작은 놀이터였어요. 블로그에 가족을 위해 만들었던 음식들을 하나씩 소개하고 제 블로그를 찾는 분들과 정보를 공유하면서 요리에 대한 관심과 사랑이 더해갔답니다.

가끔은 제가 블로그에 만들어 소개했던 음식들을 보고 요리학원에 다녔냐고 물어보시는 분들도 계시는데요. 제가 요리에 관심을 갖고 좋아하게 된 건 아마도 요리 잘하시는 제 친정어머니 영향이 큰 것 같아요. 제가 어릴 때부터 귀담아 듣지 않아도 요리를 하는 동안 늘 습관처럼 재료를 손질하는 방법이라든지 같은 재료를 가지고 어떻게 조리를 하면 더 맛있게 음식을 만들 수 있는지와 같은 요리과정과 팁 등을 일러주셨거든요. 그리고 무엇보다 어머니는 사랑과 정성이 가득 담긴 음식을 만들어 주시면서 제게 맛있는 음식을 먹는 행복을 알게 해 주셨고요. 덕분에 오늘날 저도 가족을 위해 요리하는 시간이 즐겁고 행복한 일상이 되었답니다. 내 가족을 위한 음식은 고급 재료와 색다른 조리법이 아니어도 우선 사랑과 정성이 바탕이 된다면 이미 반 이상은 성공한 게 아닐까라는 생각을 해봅니다.

이 책은 제가 블로그를 운영하는 동안 가족을 위해 준비했던 정성 가득한 특별식과 일품요리 위주로 엮어봤어요. 요리를 만들면서 보시는 분이 이해하기 쉽게 과정을 설명하려고 노력했습니다. 또 구하기 어려운 식재료들은 과감히 생략하고 시중 마트에서 구입이 가능한 재료들로 만든 음식을 담았습니다. 아마도 어렵지 않게 따라 만드실 수 있을 거라 생각해요.

'정말 내 요리책이 나온다고?
나는 요리 연구가도 아니고 전문적으로 요리 수업을 받아보지도 못했는데…….
내가 만든 음식들이 책이 되어 나올 수 있을까?'

요리책을 내자고 제안을 받고 우선 설레기도 했지만 또 한편으로 여러 가지 걱정들로 밤잠을 설치던 날들도 있었지요. 그럴 때마다 많은 분들의 응원과 격려가 제게 큰 힘이 되었답니다. 이 자리를 빌려 감사하단 말씀을 전하고 싶어요.

딸 이름의 요리책을 누구보다도 많이 기다리셨던 엄마, 이제는 하늘에 계시는 아빠 사랑합니다. 많은 사랑과 관심으로 늘 응원해 주시는 시부모님 감사합니다. 속 깊은 아들 재림이, 애교쟁이 딸 재원아, 사랑한다. 준홍이는 얼른 착하고 예쁜 여자친구 생겼으면 좋겠고, 자칭 내 인생의 멘토 정아언니, 말 안 해도 내 맘 알지? 원고를 준비하면서 곁에서 많은 조언을 아끼지 않았던 재원언니 고마워. 그리고 남편! 내 모든 짜증과 투정 받아주느라 고생했어. 많이 고맙고, 영원히 사랑해.

마지막으로 제 블로그 이웃님들과 책이 나올 수 있게 많은 도움을 주신 혜지원 관계자분들께 머리 숙여 감사의 맘을 전하며, 사랑하는 내 가족을 위해 음식을 준비하시는 여러 주부님들께 이 책이 조금이라도 도움이 되었으면 합니다.

2011년 10월 하늘 높고 맑은 가을날
저자 박혜성

요리하기 전 꼭 알아두어야 할 썰기 방법

1. 송송썰기
가늘고 긴 야채를 송송 써는 방법으로 두께는 쓰임에 따라 조절해주세요. 양념장이나 고명으로 쓸 때 사용해요.

2. 어슷썰기
긴 야채를 한쪽으로 비스듬하게, 사선으로 써는 방법이에요. 두께는 쓰임에 따라 조절하고 찜이나 조림의 고명으로 쓸 때 주로 사용해요.

3. 마름모 모양 썰기
재료를 띠 모양으로 길게 썬 다음 사선으로 어슷썰기해요. 고명으로 쓰일 달걀지단을 자를 때 사용해요.

4. 통썰기
둥근 호박이나 오이, 당근 등 재료에 직각으로 칼을 넣어 모양을 살려 통으로 써는 방법이에요. 두께는 쓰임에 따라 조절하고 조림이나 절임, 무침 등에 사용해요.

5. 얄팍썰기
재료를 원하는 크기로 토막 내거나 재료의 모양 그대로 얇게 써는 방법이에요. 무침이나 볶음 등에 주로 사용해요.

6. 비늘썰기
재료에 직각으로 몇 개의 얇은 칼집을 넣어 써는 방법이에요. 칼집 사이사이에 재료를 채 썰어 넣는 요리나 절임에 사용해요.

7. 골패썰기

무, 당근, 호박 등의 재료를 직육면체로 토막 내어 직사각형이 되도록 얇게 써는 방법이에요. 무침이나 볶음 요리에 사용해요.

8. 채썰기

무, 당근, 감자 등의 재료를 얄팍하게 썰어 비스듬히 포개놓고 가늘게 써는 방법이에요. 생채나 볶음요리를 만들 때 사용해요.

9. 돌려 깎아 채썰기

오이나 호박같이 중앙에 씨가 있는 야채를 채 썰 때 사용하며 재료를 약 5cm 정도로 통으로 썰어 껍질을 벗기듯이 돌려 깎은 후 길고 가늘게 채 썰어주세요. 생채나 무침, 볶음 요리를 만들 때 사용합니다.

10. 깎아썰기

우엉이나 당근 등의 길고 단단한 재료를 연필 깎듯이 돌려가며 칼날의 끝부분으로 얇게 써는 방법이에요. 무침이나 볶음 요리를 만들 때 사용해요.

11. 반달썰기

무, 당근, 감자, 호박 등의 재료를 길게 반으로 잘라 일정한 두께의 반달모양으로 써는 방법이에요. 주로 찌개, 찜, 조림이나 볶음 요리에 사용해요.

12. 비져썰기

감자, 무, 당근 등의 재료를 돌려가며 일정한 모양이 없이 사선으로 얇게 써는 방법이에요. 조림이나 국, 찌개를 만들 때 사용해요.

13. 깍둑썰기

무, 감자, 당근, 두부 등의 재료를 주사위처럼 정육면체 모양이 만들어지게 써는 방법이에요. 주로 깍두기, 조림 등에 사용해요.

14. 나박썰기

무, 당근과 같은 재료를 직육면체로 토막 낸 후 사각형 모양이 되도록 도톰하게 써는 방법이에요. 국을 끓이거나 나박김치를 담글 때 주로 사용해요.

 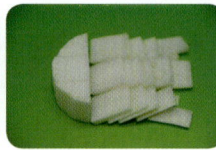 

15. 막대썰기

재료를 적당한 길이로 토막 낸 후 막대모양으로 자르는 방법이에요. 절임이나 야채를 말릴 때 사용해요.

16. 십자썰기

호박, 감자 등의 재료를 열십(十)자 모양으로 써는 방법이에요. 조림이나 찌개를 할 때 사용해요.

17. 은행잎썰기

감자, 무, 당근 등의 재료를 반달썰기해서 반으로 한 번 더 자른 모양이에요. 찌개나 국 요리에 사용해요.

18. 빗모양썰기

토마토나 레몬, 양파 등의 둥근 재료를 반으로 잘라 자른 면을 도마에 대고 재료 중심을 향하여 반달모양이 되게 사선으로 써는 방법이에요.

19. 마구썰기

감자, 고구마, 오이, 당근 등의 재료를 돌려가며 일정한 모양 없이 사선으로 각이 지게 마구 써는 방법이에요. 조림이나 볶음요리에 사용해요.

20. 밤톨썰기
재료를 두껍게 통썰기하거나 마구썰기한 후 모서리 부분을 깎아내 동글동글한 모양으로 만드는 방법이에요. 찜이나 조림요리에 사용해요.

21. 모양대로 썰기
재료 모양을 그대로 살려 적당한 두께로 통썰기해요.

22. 편썰기
마늘, 생강과 같은 재료를 넓고 편평한 모양으로 얇게 저며 써는 방법이에요.

23. 다져썰기
야채를 채 썰어 모아 직각으로 잘게 써는 방법이에요. 양념을 만드는 데 주로 쓰이고 야채를 싫어하는 아이들 볶음밥을 만들 때 사용해도 좋아요.

24. 기구를 이용해서 썰기
기구를 이용해서 쓰임에 맞게 야채와 과일을 쉽게 손질할 수 있어요.
① 볼러 – 과일이나 야채 동그랗게 자르기
② 채칼 – 파채 썰기
③ 필러 – 야채 얇게 썰기

차례

파트 1 : 늦게 일어나 간단히 차려 먹는 온가족 아점

01	차돌박이 부추 샐러드	16
02	케이준 치킨 샐러드	18
03	미트볼 샐러드	22
04	불고기 샐러드	24
05	참치 샐러드	26
06	닭가슴살 샐러드	28
07	브로콜리 샐러드	30
08	야채 샐러드	32
09	밤호박 수프	34
10	브로콜리 수프	36
11	감자 수프	38
12	단호박죽	40
13	흑임자죽	42
14	타락죽	44
15	전복죽	46

파트 2 : 밥 먹기 지겨워하는 아이들 불만 잠재우기

16	콤비네이션 피자	50
17	토르티야 닭가슴살 피자	52
18	치즈 오븐 스파게티	54
19	크림 스파게티	56
20	까르보나라	58
21	알리오 올리오 파스타	60
22	봉골레 스파게티	62
23	떡국 떡 그라탱	64
24	고구마 그라탱	66

25	참치 샌드위치	68
26	크랩 샌드위치	70
27	쉬림프 샌드위치 & 에그 샌드위치	71
28	터널 샌드위치	74
29	고구마 샌드위치	76
30	핫 샌드위치	77
31	아메리칸 핫도그	78
32	간장 떡볶이	80
33	고추장 떡볶이 & 어묵탕	82
34	크림 떡볶이	86
35	웨지감자	88
36	포테이토스킨	90
37	해쉬 브라운	92
38	고구마크로켓	94
39	고구마 맛탕 & 옥수수 맛탕	96
40	고구마 칩 & 고구마 스틱	100
41	소시지꼬치구이	104
42	소시지야채볶음	106
43	어니언링	108
44	쥐포튀김	110
45	참치카나페	112

파트 3 : 간단한 일품요리로 별미 효과 내기

46	자장면	116
47	카레우동	119
48	중국식 해물우동	121
49	볶음우동	124
50	어린잎 비빔국수	126
51	쫄면	128
52	골뱅이소면	130
53	콩국수	133
54	세 가지 맛 오니기리	135
55	샌드위치 김밥	137

56	마요네즈 참치롤 & 날치알 김밥	140
57	캘리포니아롤	144
58	참치누드김밥	146
59	오이초밥	148
60	참치유부초밥	150
61	치즈김치 볶음밥	151
62	오므라이스	152
63	잡채밥	154
64	알밥	156
65	광어회덮밥	158

파트 4 : 제대로 솜씨 부려 투정하는 남편 잠재우기

66	불고기 버거	162
67	라이스 버거	164
68	햄버거 스테이크	166
69	찹스테이크	168
70	소고기 찹쌀말이	170
71	떡갈비	172
72	소고기 굴소스 볶음	174
73	콤비네이션 화이타	177
74	바비큐 폭 립	180
75	돼지등갈비구이	183
76	돼지고기 탕수육	185
77	꿔바로우	188
78	돼지고기 강정	190
79	양장피	192
80	유산슬	194
81	닭말이치즈튀김	196
82	치킨 나초	199
83	치킨 퀘사디아	202
84	유린기	204
85	파닭	206
86	카레치킨	208

87	닭강정	210
88	닭꼬치	212
89	데리야키 치킨구이	216
90	마늘닭간장조림	218
91	칠리새우	220
92	아몬드 크림새우	222
93	피시 커틀릿	225
94	새우튀김	228
95	참치스프링롤	230
96	토마토 홍합찜	232
97	바지락 와인찜	234
98	전복초	236
99	해물칠리떡볶이	238
100	새우강정	240
101	가리비구이	242
102	주꾸미전	244
103	꼬막무침	246
104	묵은지 고등어조림	248
105	고등어 데리야키조림	250

파트 5 : 우리 가족의 건강을 위한 달콤하고 시원한 디저트

106	리에주와플	254
107	꽈배기	256
108	찐빵	259
109	당고	263
110	화과자	266
111	식혜	269
112	복숭아 슬러시 & 사과 슬러시	271
113	에이드	273
114	복분자 아이스크림	275
115	커피 아이스크림	277
116	커피생캐러멜	279
117	견과류캐러멜	281

이

늦게 일어나 간단히 차려 먹는 온가족 아점

01 차돌박이 부추 샐러드
02 케이준 치킨 샐러드
03 미트볼 샐러드
04 불고기 샐러드
05 참치 샐러드
06 닭가슴살 샐러드
07 브로콜리 샐러드
08 야채 샐러드
09 밤호박 수프
10 브로콜리 수프
11 감자 수프
12 단호박죽
13 흑임자죽
14 타락죽
15 전복죽

# 차돌박이 부추 샐러드

영양 많은 부추에 고소한 차돌박이를 구워 올려 새콤달콤한 간장 드레싱을 곁들이는 차돌박이 샐러드는 손님상에 전채요리로 내시면 모두에게 사랑받을 메뉴예요.

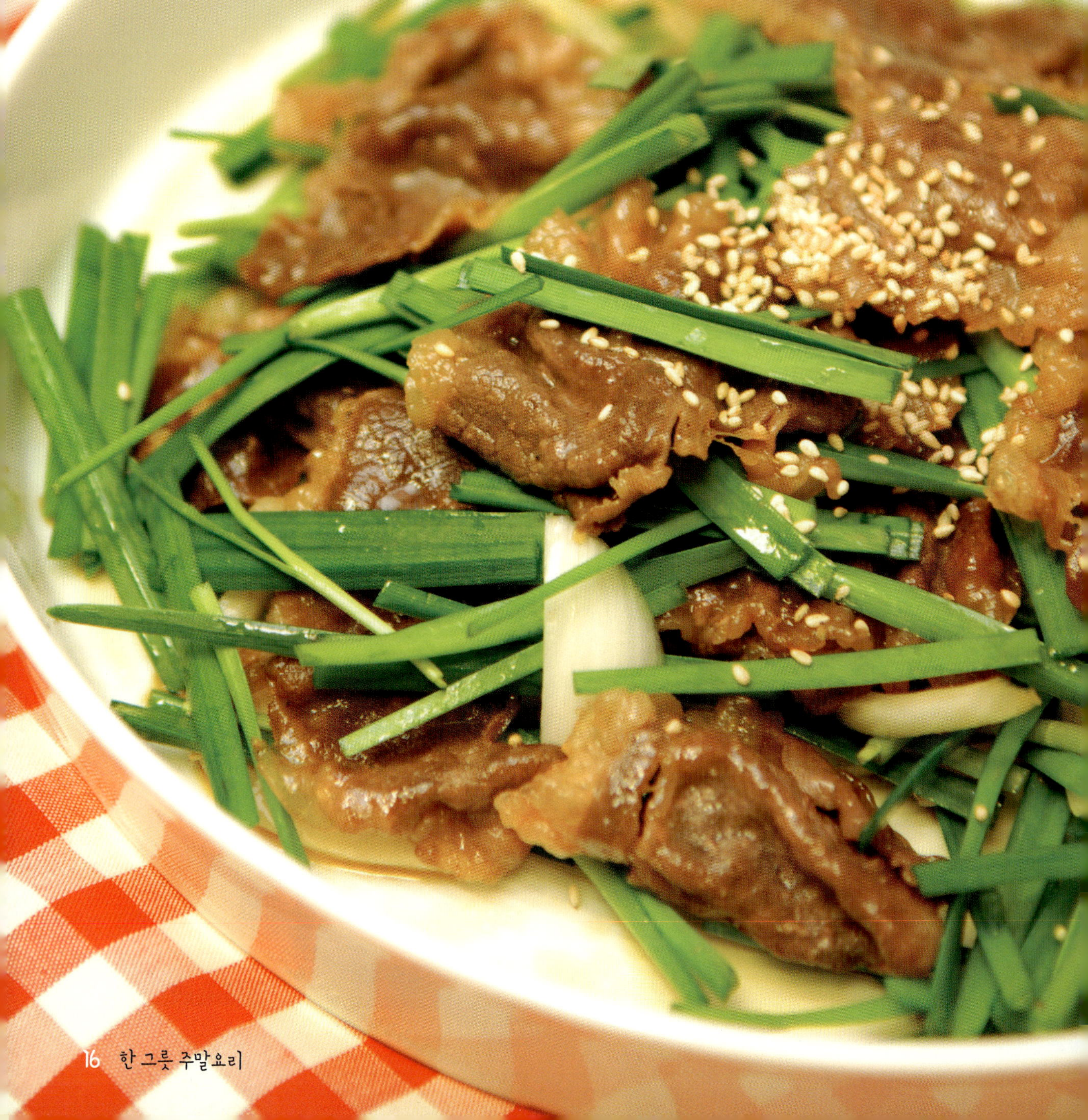

재료

- 차돌박이(120g) □ 부추(100g) □ 양파(1/2개)
- 불고기 양념 : 간장(3큰술), 물엿(2큰술), 다진 마늘(1/2큰술), 참기름(1큰술)
- 샐러드드레싱 : 간장(2큰술), 꿀(2큰술), 레몬즙(3큰술), 참기름(1큰술)

이렇게 만들어요!

1 부추는 깨끗이 손질해서 약 5cm 길이로 자르고 양파는 결대로 얇게 채 썰어 주세요.

2 간장, 물엿, 다진 마늘, 참기름을 잘 섞어 불고기 양념장을 만드세요.

3 차돌박이를 팬에 올려 부서지지 않게 구워주세요.

4 고기양념은 숟가락으로 조금씩 끼얹어주세요.

5 잘라놓은 부추와 양파를 그릇에 담고 잘 구워진 차돌박이를 올려요. 샐러드드레싱은 따로 준비해 먹기 전에 뿌려 드세요.

케이준 치킨 샐러드

국민 샐러드라 불릴 만큼 꾸준한 인기를 얻고 있는 케이준 치킨 샐러드는 메인 요리 전에 입맛을 돋우는 전채요리예요. 따뜻하게 데워진 핫 베이컨 소스의 새콤달콤함이 바삭하게 튀겨낸 닭튀김과 잘 어울리는 메뉴죠. 따뜻하게 데워진 빵을 치킨샐러드와 함께 준비해 핫 베이컨 소스에 찍어 드셔보세요. 샐러드이지만 훌륭한 한 끼 식사가 될 수 있어요.

재료

- ☐ 닭안심(250g) ☐ 소금(1/2작은술) ☐ 후추(1/2작은술) ☐ 우유(적당량) ☐ 케이준 시즈닝(1큰술) ☐ 튀김가루(140g)
- ☐ 차가운 물(230ml) ☐ 식용유(적당량) ☐ 양상추(1/2개, 외에 다른 채소 가능) ☐ 체리토마토(10개) ☐ 체다 치즈(조금)
- ☐ 삶은 달걀(3개) ☐ 블랙올리브(3개) ☐ 핫 베이컨 드레싱

이렇게 만들어요!

1. 닭안심 안쪽에 있는 힘줄을 제거해요.

2. 힘줄을 제거한 닭안심을 소금과 후추로 밑간하고 냄새 제거를 위해 우유를 부어 재워 주세요.

3. 채소는 깨끗이 씻어 먹기 좋은 크기로 잘라 찬물에 담가 주세요.

> 채소를 먹기 전에 얼음물에 담가두면 아삭아삭 식감이 더욱 좋아져요.

4. 체리토마토는 깨끗이 씻어 꼭지를 떼고 블랙올리브는 모양을 살려 동그랗게 잘라주세요. 체다 치즈도 잘게 잘라주세요.

5. 삶은 달걀은 4등분해서 잘라요.

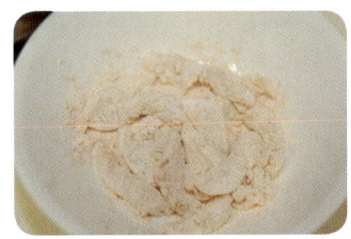

6. 우유에 재워놨던 닭안심은 체에 밭쳐 수분을 제거하고 손가락 굵기로 잘라주세요. 튀김가루와 케이준 시즈닝을 섞어 닭고기에 고루 묻혀주세요.

7 튀김가루에 얼음물을 넣어 튀김옷을 만들고 닭고기를 한 조각씩 넣어 튀김옷을 입혀요. 튀김옷을 만들 때는 가능한 찬물로, 젓가락을 이용해서 재빨리 반죽을 섞어야 글루텐 형성이 적어 튀김옷이 질겨지지 않아요.

8 튀김옷을 입힌 닭고기는 애벌로 한 번 튀기고 먹기 직전에 한 번 더 튀겨주세요. 남아 있던 수분이 날아가 더 바삭하고 맛있는 튀김이 됩니다.

9 찬물에 담가 놨던 채소들은 물기를 제거해서 접시에 소복하게 담고 접시 주변에 삶은 달걀도 예쁘게 얹어주세요.

10 금방 튀긴 케이준 치킨도 소복하게 담고 체다 치즈를 뿌려주세요. 핫 베이컨 소스는 따로 담아내고 먹기 전에 뿌립니다.

한 그릇 주말요리

핫 베이컨 드레싱 만들기

재료
☐ 올리브유(조금) ☐ 베이컨(3줄) ☐ 양파(1/2개) ☐ 물(250ml) ☐ 꿀(4큰술) ☐ 설탕(3큰술) ☐ 레몬즙(3큰술) ☐ 녹말물(1큰술) ☐ 머스터드소스(1큰술) ☐ 마요네즈(3큰술) ☐ 소금(1/4큰술) ☐ 후춧가루(조금)

1. 베이컨과 양파는 잘게 다져서 준비해요.

2. 달궈진 팬에 올리브유를 조금 두르고 다진 베이컨과 다진 양파를 넣고 소금과 후추로 밑간을 한 후 볶아주세요.

3. 분량의 물을 넣어주세요.

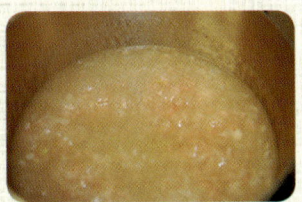

4. 꿀, 설탕, 레몬즙, 녹말물을 넣어주세요. 녹말물을 넣을 때는 불을 살짝 줄이고 녹말이 덩어리지지 않게 잘 저어주세요. 걸쭉하게 끓여지면 불을 끄고 잠시 식혀주세요. 드레싱이 식은 후에 마요네즈를 넣어야 덩어리지지 않아요.

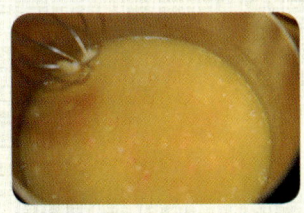

5. 식은 드레싱에 머스터드소스와 마요네즈를 섞어 살짝 끓여주세요. 샐러드와 함께 낼 때는 따뜻한 상태로 작은 볼에 따로 내세요. 드레싱의 양을 넉넉히 준비하여 빵에 찍어드셔도 맛있어요.

미트볼 샐러드

아이들에게 신선한 야채를 많이 먹이고 싶은 엄마의 마음이 가득 담긴 메뉴예요. 고기만을 좋아하는 아이들에게 신선하고 부드러운 어린잎채소와 아이들이 좋아하는 바비큐 소스를 곁들여서 줘 보세요. 어린잎채소와 달콤한 소스가 잘 어우러져 맛있게 먹는답니다.

재료

- 미트볼 : 소고기다짐육(720g), 양파(1개), 대파(1뿌리), 다진 마늘(1½큰술), 진간장(7큰술), 설탕(3큰술), 물엿(1큰술), 후춧가루(조금), 참기름(1큰술), 어린잎채소(50g), 식용유(조금)
- 샐러드 소스

이렇게 만들어요!

1 다진 소고기, 다진 대파와 양파, 마늘을 볼에 넣어요.

2 진간장, 설탕, 물엿, 후춧가루, 참기름을 잘 섞어 양념장을 만들어요.

3 1에 양념장을 붓고 고기와 잘 섞은 후 밀폐용기에 넣어 냉장고에 잠시 보관해요.

> 냉장실에 잠시 넣어두면 양념이 고루 잘 배어들어 더 맛있어요.

4 어린잎채소는 씻어서 체에 밭쳐 물기를 제거해요.

5 양념해 놓은 고기를 동글동글하게 빚어 팬에 기름을 조금 두르고 노릇하게 지져내요.

6 그릇에 어린잎채소를 담고 미트볼을 올려 <u>소스</u>를 지그재그로 뿌려내세요.

샐러드 소스 만들기

재료
- 바비큐 소스(3큰술)
- 스테이크 소스(1/2큰술)
- 토마토케첩(1큰술)
- 꿀(1큰술)

소스는 사진의 분량대로 작은 냄비에 넣어 약한 불에서 한 번 끓인 다음 식혀서 사용하세요.

04 불고기 샐러드

한정식 식당에서 즐겨 먹던 불고기 샐러드를 저만의 방법으로 만들어봤는데 가족들의 반응이 기대 이상이었던 메뉴예요. 달콤하게 양념된 불고기를 풍성한 야채와 함께 내고 새콤달콤한 드레싱을 곁들어 먹는 불고기 샐러드는 이름은 샐러드지만 밥반찬으로도 훌륭하고 특히나 손님상에 내시면 색다른 불고기 요리에 모두들 놀라실 거예요.

재료
- 쌈 채소(100g), 양파(1/2개), 소고기(500g), 식용유
- 불고기양념장 : 간장(8큰술), 설탕(3큰술), 물엿(2큰술), 다진 마늘(1/2큰술), 후춧가루(조금), 참기름(1큰술)
- 샐러드드레싱 : 진간장(2큰술), 꿀(2큰술), 레몬즙(1큰술), 참기름(1/2큰술)

 이렇게 만들어요!

1 쌈 채소는 깨끗이 씻어 한입 크기로 잘라 얼음물에 담가두세요.

2 양파는 길게 채 썰어 찬물에 잠시 담가 매운맛을 제거해요.

3 레시피의 재료를 섞어 불고기 양념장을 만들어요.

4 소고기에 3의 양념장을 부어 조물조물 버무려주세요.

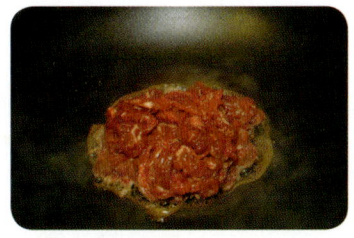

5 달궈진 팬에 기름을 두르고 4의 양념된 소고기를 볶아요.

6 물기를 제거한 쌈 채소와 양파를 그릇에 가득 올려요.

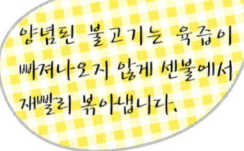

양념된 불고기는 육즙이 빠져나오지 않게 센불에서 재빨리 볶아냅니다.

7 볶은 불고기를 채소 위에 올려요.

8 진간장, 꿀, 레몬즙, 참기름을 잘 섞어 샐러드드레싱을 만들어 7에 뿌려내세요.

05 참치 샐러드

네모 반듯한 예쁜 큐브 모양의 참치를 채소 위에 듬뿍 올려 만든 참치 샐러드예요. 채소가 가득한 샐러드지만 아이들이 좋아하는 참치와 고소하고 달콤한 콘 드레싱을 곁들여 아이들이 맛있게 먹어요.

재료

- 델큐브참치(1캔) □ 어린잎채소(40g) □ 체리토마토(8~10개)
- 콘 드레싱 : 스위트콘(100g), 양파(1/4개), 땅콩(20g), 마요네즈(2큰술), 설탕(2큰술), 물엿(1큰술), 레몬즙(3큰술), 소금(1/2작은술), 후춧가루(조금)

이렇게 만들어요!

1 어린잎채소와 체리토마토는 깨끗이 씻어 체에 받쳐 물기를 제거해요.

2 델큐브참치도 체에 받쳐 수분을 제거해요.

3 샐러드볼에 어린잎채소와 체리토마토를 담고 델큐브참치를 얹어주세요.

4 콘드레싱을 만들 양파는 찬물에 담가 매운맛을 제거해요.

5 콘 드레싱 재료를 미니믹서에 모두 넣어주세요.

6 덩어리 없이 잘 갈아주세요.

7 콘 드레싱은 드레싱 그릇에 따로 담고 먹기 직전에 샐러드에 뿌려 드세요.

06 닭가슴살 샐러드

닭가슴살은 고단백 저칼로리 식품으로 비타민과 무기질이 가득한 채소와 함께 샐러드를 만들어 드시면 더욱 균형 잡힌 영양을 섭취할 수 있어요. 고소하고 영양 많은 검은깨 드레싱을 곁들여 한 끼 식사로도 손색이 없는 닭가슴샐러드를 만들어보세요.

재료

- ☐ 닭가슴살(120g) ☐ 양상추(120g) ☐ 어린잎채소(40g) ☐ 통후추(조금) ☐ 소금(조금)
- ☐ 검은깨 드레싱 : 검은깨(1큰술), 양파(1/2개), 마요네즈(2큰술), 설탕(2큰술), 레몬즙(2½큰술), 소금(1/2작은술), 후춧가루(조금)

이렇게 만들어요!

1 양상추는 한입 크기로 잘라 어린잎채소와 함께 깨끗이 씻어 체에 밭쳐 물기를 제거해요.

2 손질한 양파는 찬물에 담가 매운맛을 제거해요.

3 끓는 물에 통후추와 소금을 넣고 닭가슴살을 넣어 삶아주세요.

> 통후추와 소금은 닭고기의 잡내를 제거하고 밑간을 하기 위해 넣는 거예요.

4 잘 삶아진 닭가슴살을 키친타월에 올려 물기를 제거하고 먹기 좋은 크기로 결대로 찢어 준비해요.

> 닭가슴살을 삶아 준비하는 대신 캔제품을 사용하셔도 돼요.

5 샐러드 그릇에 야채를 담고 위에 닭가슴살을 소복이 올려주세요.

6 미니믹서에 검은깨 드레싱 재료를 모두 넣고 잘 갈아요.

7 덩어리 없이 갈아진 드레싱은 그릇에 담고 먹기 직전에 샐러드 위에 뿌려 드세요.

07 브로콜리 샐러드

살짝 데쳐서 늘 초고추장에 찍어 먹었던 영양 많은 브로콜리에 달콤하고 향긋한 키위드레싱을 곁들여 근사한 샐러드로 변신시켜봤어요.

재료
- ☐ 굵은 대를 제거한 브로콜리(150~200g) ☐ 삶은 달걀(2개) ☐ 양파(조금)
- ☐ 키위 드레싱 : 골드키위(1개), 양파(1/3개), 마요네즈(1½큰술), 설탕(2큰술), 레몬즙(2큰술), 소금(1/2작은술), 후춧가루(조금)

 **이렇게 만들어요!**

1 브로콜리는 깨끗이 씻어 굵은 대를 제거하고 한입 크기로 잘라주세요.

2 끓는 물에 소금을 조금 넣고 손질한 브로콜리를 넣어 살짝 데친 다음 찬물에 헹궈 내세요.

3 데친 브로콜리는 체에 밭쳐 탈탈 털어 물기를 제거해요.

> 소금은 브로콜리의 색을 더욱 푸르게 만들어 준답니다.

4 손질한 양파는 찬물에 담가 매운맛을 제거해요.

5 달걀은 삶아 껍질을 까서 준비해요.

6 샐러드 그릇에 브로콜리와 달걀, 체리토마토를 예쁘게 담고 양파를 잘게 잘라 얹어주세요.

7 키위 드레싱 재료를 미니믹서에 모두 넣어주세요.

8 덩어리가 없도록 잘 갈아주세요.

9 키위 드레싱은 드레싱 그릇에 따로 담고 먹기 직전에 샐러드에 뿌려 드세요.

08 야채 샐러드

상큼한 채소와 제철과일로 만든 야채 샐러드에 새콤한 프렌치 드레싱을 곁들여보세요. 아삭아삭 새콤한 야채 샐러드는 메인 메뉴 전에 입맛을 살려주는 훌륭한 애피타이저랍니다.

재료
- 양상추(100g) □ 어린잎채소(20~30g) □ 딸기(3~4개) □ 쪽파(조금) □ 크루통(조금)
- 프렌치 드레싱 : 현미식초(80ml), 올리브오일(130g), 설탕(1작은술), 소금(1/2작은술), 후춧가루(1/2작은술)

이렇게 만들어요!

1 양상추는 한입 크기로 잘라 어린 잎채소와 함께 깨끗이 씻어 체에 밭쳐 물기를 제거해요.

2 샐러드 그릇에 손질한 채소와 딸기, 크루통을 얹어주세요.

크루통 만들기

재료
- 식빵(3~4장)
- 버터(적당량)
- 파슬리가루(적당량)

3 작은 볼에 분량의 현미식초와 올리브오일을 넣어주세요.

4 설탕, 소금, 후춧가루를 넣고 잘 섞어주세요.

1. 식빵 한쪽 면에 버터를 꼼꼼히 바르고 파슬리가루를 뿌려주세요.

2. 팬에 얹어 190~200도로 예열된 오븐에서 약 10분간 바삭하게 구워주세요. 완전히 식으면 작게 깍둑썰기해요.

5 프렌치 드레싱은 드레싱 그릇에 따로 담고 먹기 직전에 샐러드에 뿌려 드세요.

> 샐러드 드레싱을 미리 뿌리면 야채가 숨죽어 맛이 없어요.

 ## 9 밤호박 수프

고운 색만큼이나 부드럽고 영양도 많은 밤호박 수프. 밤호박은 노화방지 작용을 하는 비타민 E와 항암 효과가 뛰어난 셀레늄이 다량 함유되어 있는 건강식품이에요.

 **재료**

☐ 밤호박(작은 크기 2개-단호박 가능) ☐ 양파(1/2개) ☐ 우유(800~900ml) ☐ 버터 or 식용유 ☐ 소금(조금) ☐ 생파슬리(조금)

이렇게 만들어요!

1 밤호박에 물이 닿지 않게 찐 다음 껍질을 벗기고 양파는 깨끗이 씻어 결대로 썰어주세요.

2 달궈진 팬에 버터나 식용유를 두르고 양파를 타지 않게 볶아 주세요.

3 냄비에 껍질을 제거한 밤호박과 볶은 양파를 넣어주세요.

4 분량의 우유를 부어주세요.

5 핸드블렌더를 이용해서 덩어리가 없도록 싹 갈아주세요. 삶은 호박에 볶은 재료를 넣고 우유를 부어 믹서기로 갈아써도 돼요.

6 바닥에 눌어붙지 않게 고무주걱으로 계속 저어가며 약한 불에 끓여주세요. 소금을 넣어 간하고 그릇에 담아 파슬리가루를 뿌려 내세요.

브로콜리 수프

항암식품으로 손꼽히는 브로콜리를 넣어 끓인 수프예요. 몇 조각의 크래커를 곁들여 보세요. 바쁜 아침 간단한 한 끼 식사로도 문제없어요.

재료
- 브로콜리(80g) □ 감자(170g) □ 양파(1/2개) □ 생크림(100ml) □ 버터(1큰술) □ 물(700ml) □ 소금(적당량) □ 후추(적당량)
- 슬라이스 치즈(1/2장) □ 피자 치즈(조금)

 이렇게 만들어요!

1 감자는 껍질을 까서 얇게 썰고 양파는 결대로 썰어 주세요. 브로콜리는 굵은 대를 제거하고 씻어 물기를 제거해요.

2 달궈진 냄비에 분량의 버터를 넣어 타지 않게 녹여주세요.

3 손질한 감자와 양파를 넣어 볶아주세요.

4 물을 부어 감자와 양파를 익혀주세요.

5 브로콜리를 넣어 무르게 삶아주세요.

6 핸드블렌더를 이용해서 덩어리가 없도록 싹 갈아주세요.

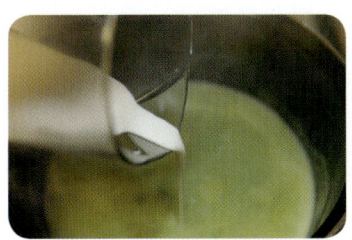

7 생크림을 붓고 바닥에 눌어붙지 않게 고무주걱으로 계속 저어가며 끓여요.

8 소금, 후춧가루를 넣어 간하고 약한 불에서 뭉근히 끓여주세요. 수프가 뜨거울 때 잘게 자른 슬라이스 치즈와 피자 치즈를 토핑해요.

감자 수프

고소하고 담백한 감자의 맛을 그대로 느낄 수 있는 감자 수프랍니다. 감자를 좋아하는 저희 가족들을 위해 자주 끓이는 수프 중 하나예요. 감자 수프 하나면 바쁜 아침시간에도 문제없어요.

재료

☐ 감자(2개) ❶ 우유(200ml) ☐ 버터(30g) ☐ 밀가루(2큰술) ❷ 우유(200ml) ☐ 물(300ml) ☐ 슬라이스 치즈(1장) ☐ 소금(1/3큰술) ☐ 후추(조금) ☐ 크루통(적당량)

이렇게 만들어요!

1 감자는 껍질을 벗겨 깍뚝썰기한 다음 물을 붓고 삶아주세요.

2 삶아 놓은 감자와 ❶우유(200ml)를 믹서기에 넣고 덩어리 없이 갈아주세요.

3 냄비에 버터를 넣어 타지 않게 녹이고 분량의 밀가루를 넣고 살짝 볶아주세요.

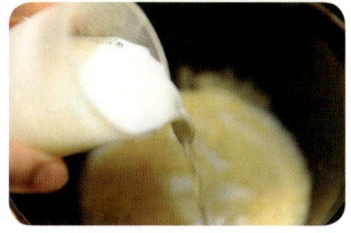

4 ❷우유(200ml)를 넣어 잘 섞어주세요.

5 2에서 갈아놓은 감자를 넣어주세요.

6 분량의 물을 넣어주세요.

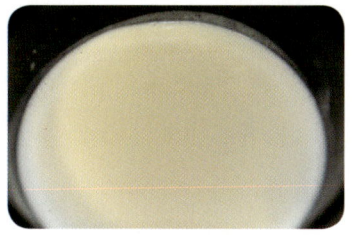

7 약한 불에서 눌어붙지 않게 저어가며 끓여요.

8 끓기 시작하면 슬라이스 치즈를 넣어 잘 섞어요.

9 소금과 후춧가루를 넣어 간하고 크루통을 3~4개 얹어내요.

크루통 만들기

재료 ☐ 식빵(3~4장)
☐ 버터(적당량)
☐ 파슬리가루(적당량)

1. 식빵 한쪽 면에 버터를 꼼꼼히 바르고 파슬리가루를 뿌려주세요.

2. 팬에 얹어 190~200도로 예열된 오븐에서 약 10분간 바삭하게 구워주세요. 완전히 식으면 작게 깍뚝썰기해요.

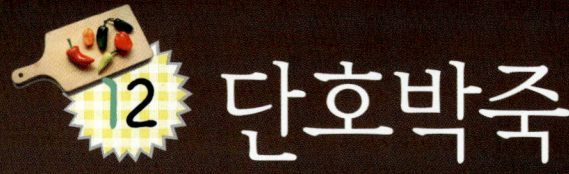

12 단호박죽

새알심이 동동, 달달한 맛이 매력적인 단호박죽이에요. 단호박의 좋은 영양을 한 그릇 가득 담았어요.

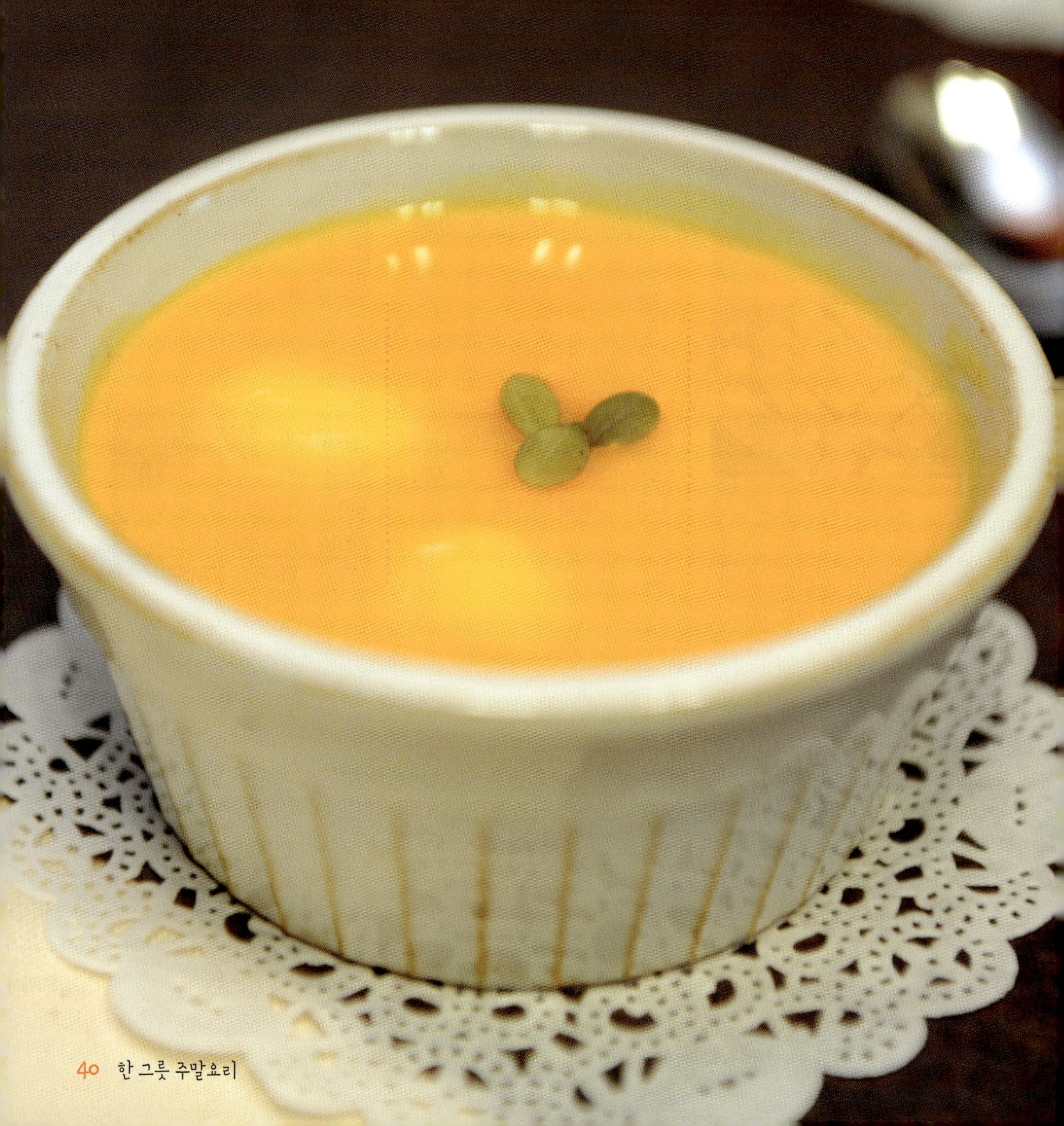

재료
- 단호박(밤호박 약 500g 1개) □ 물(1.5L) □ 찹쌀가루(85g) □ 설탕(50g) □ 소금(5g)
- 새알심 : 찹쌀가루(200g), 소금(1/2작은술), 뜨거운 물(140ml)

이렇게 만들어요!

1 소금을 넣은 찹쌀가루에 팔팔 끓은 물을 조금씩 넣어가며 익반죽해요.

2 메추리알 크기로 동그랗게 새알심을 빚고 반죽이 마르지 않게 비닐을 덮어 준비해요.

3 깨끗이 씻은 단호박은 물이 닿지 않게 찜통에서 무르게 쪄주세요.

4 잘 익은 단호박은 껍질과 씨를 제거해서 깊이가 있는 냄비에 넣어주세요.

5 분량의 물을 부어주세요.

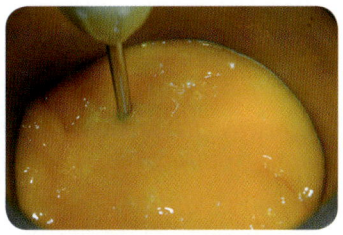

6 핸드블렌더를 이용해서 단호박을 덩어리 없이 갈아요.

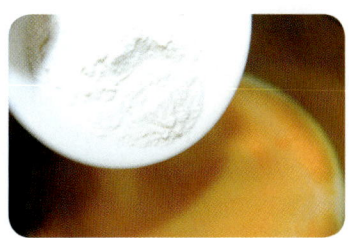

7 찹쌀가루와 설탕, 소금을 넣고 냄비바닥에 눌어붙지 않도록 저어가며 끓여주세요.

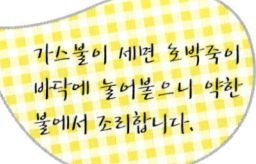

가스불이 세면 호박죽이 바닥에 눌어붙으니 약한 불에서 조리합니다.

8 호박죽이 끓기 시작하면 만들어 놓은 새알심을 하나씩 조심해서 넣어주세요. 새알심이 모두 동동 떠오르면 불에서 내려요.

흑임자죽

흑임자죽은 원래 검은깨와 불린 쌀을 곱게 갈아 체에 내린 후 물을 끓여 만드는데요. 필수아미노산이 다량 함유되어 있는 흑임자를 곱게 갈아 체에 걸러내지 않고 그대로 죽을 끓여봤어요. 검은깨에 들어 있는 필수아미노산은 아이들의 두뇌회전에 많은 도움이 된다고 하니 영양식으로 고소하고 부드러운 흑임자죽을 준비해보세요.

재료
☐ 불린 쌀(240ml) ☐ 검은깨(360ml) ☐ ❶ 물(720ml) ☐ ❷ 물(700~800ml) ☐ 소금(1큰술)

이렇게 만들어요!

1 믹서기에 불린 쌀과 검은깨를 넣어주세요.

2 ❶물(720ml)을 부어요.

3 덩어리가 없이 아주 곱게 갈아주세요.

4 냄비에 곱게 간 쌀과 검은깨를 붓고 ❷물(700~800ml)을 부어서 잘 섞어요.

5 약한 불에서 죽이 눌어붙지 않게 잘 저어가며 끓이고 소금을 넣어 간을 맞춰주세요.

4 타락죽

타락죽은 궁중에서 보양식으로 먹었던 음식으로 고소하고 부드러운 맛이 일품인 우유죽이에요. 환자들 영양식으로, 어린아이들 이유식으로도 좋아요. 타락죽은 소금으로 간을 맞추거나 식성에 따라 꿀을 곁들어 내셔도 좋아요.

재료
☐ 찹쌀가루(120ml) ☐ 물(240ml) ☐ 우유(240ml) ☐ 소금(1/2작은술)

이렇게 만들어요!

1 불린 찹쌀을 곱게 빻아 찹쌀가루를 준비해요.

2 냄비에 찹쌀가루를 넣어주세요.

3 분량의 물을 붓고 덩어리가 없도록 갠 다음 눌어붙지 않도록 계속 저어가며 끓여요.

4 찹쌀죽이 끓기 시작하면 분량의 우유를 넣어주세요.

5 냄비바닥에 죽이 눌어붙지 않게 약한 불에서 계속 저어가며 끓여요.

6 부드럽고 걸쭉하게 죽이 끓여지면 소금을 넣어 간을 맞춰요.

15 전복죽

한 그릇에 전복의 영양을 통째로 담아낸 전복죽이에요. 전복의 내장은 약해진 기력을 회복시키는 효능이 탁월하다고 합니다. 죽을 끓일 때는 전복의 내장을 버리지 말고 곱게 갈아 넣어 전복죽을 끓여보세요. 맛과 영양 두 가지를 한 번에 챙기실 수 있어요.

재료
☐ 불린 쌀(320ml) ☐ 전복(3마리) ☐ 참기름(3큰술) ☐ 물(1.6L) ☐ 국간장(3큰술)

이렇게 만들어요!

1 전복 껍질부분의 둥근 쪽을 위로 해서 껍질 안쪽으로 살살 숟가락을 밀어 넣어 전복을 분리해요.

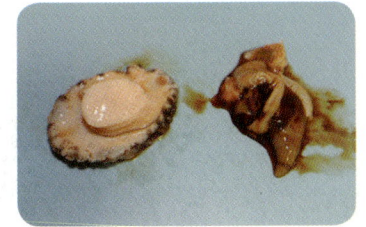

2 전복의 살과 내장을 분리해요.

3 내장 반대쪽에 있는 딱딱한 주둥이를 제거해요.

4 살은 깨끗이 씻어 먹기 좋은 크기로 썰어요.

5 내장은 물(50ml)과 함께 미니 믹서에 넣어요.

6 덩어리가 없도록 곱게 갈아 준비해요.

7 냄비에 참기름을 두르고 불린 쌀과 손질한 전복을 넣어 볶아주세요.

8 분량의 물을 부어주세요.

9 전복내장을 간 것도 함께 넣고 끓여주세요.

10 끓으면서 생기는 거품은 걷어내고 죽이 냄비바닥에 눌어붙지 않게 계속 저어가며 끓여요.

11 국간장이나 소금을 넣어 간을 맞춰요.

12 쌀알이 부드럽게 퍼지도록 끓여주세요.

02

밥 먹기 지겨워하는 아이들 불만 잠재우기

16	콤비네이션 피자		31	아메리칸 핫도그
17	토르티야 닭가슴살 피자		32	간장 떡볶이
18	치즈 오븐 스파게티		33	고추장 떡볶이 & 어묵탕
19	크림 스파게티		34	크림 떡볶이
20	까르보나라		35	웨지감자
21	알리오 올리오 파스타		36	포테이토스킨
22	봉골레 스파게티		37	해쉬 브라운
23	떡국 떡 그라탱		38	고구마크로켓
24	고구마 그라탱		39	고구마 맛탕 & 옥수수 맛탕
25	참치 샌드위치		40	고구마 칩 & 고구마 스틱
26	크랩 샌드위치		41	소시지꼬치구이
27	쉬림프 샌드위치 & 에그 샌드위치		42	소시지야채볶음
28	터널 샌드위치		43	어니언링
29	고구마 샌드위치		44	쥐포튀김
30	핫 샌드위치		45	참치카나페

16 콤비네이션 피자

피자를 만들 때는 시간이 오래 걸리는 도우 반죽은 미리 만들어서 냉동보관했다가 쓰셔도 돼요. 빵 반죽을 1차 발효까지 마친 후 냉동실에 보관했다가 필요할 때 해동시켜 피자를 만들면 피자를 만드는 데 걸리는 시간을 많이 단축할 수 있어요. 시간이 오래 걸려 매번 시켜 드셨던 피자, 아이들이 좋아하는 건강한 재료를 듬뿍 넣어 엄마표로 만들어주세요.

 재료

- 지름 30cm 원형팬
- 피자도우 : 강력분(200g), 달걀(1개), 설탕(15g), 소금(3g), 인스턴트 이스트(5g), 식물성오일(20ml), 따뜻한 물(70ml)
- 피자소스 : 올리브유(적당량), 다진 마늘(1/2작은술), 토마토페이스트(150g), 토마토퓌레(200g), 토마토케첩(30g), 월계수 잎(3~4장), 바질가루(1작은술), 소금(1/3작은술), 후춧가루(조금)
- 토핑 : 베이컨(3~4장), 스모크햄(50g), 블랙올리브(3~4개), 양파(1/3개), 양송이버섯(3개), 파프리카(빨강 1/2개), 피망(1/2개), 캔 옥수수(30g), 모차렐라 치즈(100g)

 이렇게 만들어요!

도우 만들기 1~5

1 체 친 강력분을 볼에 넣고 설탕과 소금, 이스트는 서로 닿지 않게 넣어주세요. 달걀과 오일, 따뜻한 물을 넣고 잘 반죽해요.

2 한 덩어리로 뭉쳐진 반죽은 비닐을 덮어 따뜻한 곳에서 약 40분간 발효시켜주세요.

3 발효가 끝난 반죽을 잘 치대어 가스를 빼고 덧밀가루를 뿌려가며 밀대로 동그랗게 밀어주세요.

4 도우가 팬에 들러붙지 않게 팬에 식용유를 조금 발라주세요.

피자 소스 만들기 6~8

5 피자 팬에 도우를 담아요. 굽는 도중 부풀어 오르는 걸 막기 위해 포크를 이용해서 콕콕 구멍을 내고 비닐을 덮어 약 20분간 발효해요.

6 달궈진 팬에 올리브유를 두르고 다진 마늘을 살짝 볶아주세요.

7 토마토페이스트, 토마토퓌레, 토마토케첩을 넣고 볶아준 후 월계수 잎과 바질가루를 넣고 약한 불에서 걸쭉해질 때까지 끓여주세요.

피자 만들기 9~10

8 마지막으로 소금, 후추로 간을 맞춰요.

9 준비해놓은 도우에 피자소스를 넓게 펴발라주세요.

10 토핑재료들을 보기 좋게 올리고 마지막에 모차렐라 치즈를 뿌려주세요. 180~190도로 예열된 오븐에서 약 20분간 구워주세요.

17 토르티야 닭가슴살 피자

토르티야 위에 토마토소스를 바르고 토핑을 얹어 구워낸 쉽고 간단한 토르티야 피자예요. 도우 만드는 게 번거롭다면 토르티야를 이용해 보세요. 어렵게만 느껴졌던 피자를 쉽게 만들 수 있어요.

재료
- 토르티야(1장)
- 피자 소스 : 토마토퓌레(100g), 토마토케첩(20g), 소금(조금), 후춧가루(조금)
- 토핑 : 삶은 닭가슴살(100g), 블랙올리브(4~5개), 양파(1/3개), 파프리카(빨강, 노랑 각 1/4개), 피망(1/4개), 식용유(적당량), 모차렐라 치즈(100g), 어린잎채소(적당량)

이렇게 만들어요!

1 파프리카, 피망과 양파는 잘게 다져 식용유에 살짝 볶아요. 토마토퓌레와 케첩을 섞고 소금과 후춧가루로 간을 맞춰 준비해요.

2 피자 팬에 토르티야를 담고 위에 토마토소스를 잘 펴 발라요.

3 소스를 바른 토르티야 위에 볶아놓은 채소들을 올려주세요.

4 결대로 찢은 닭가슴살과 블랙 올리브를 토핑합니다. 캔 닭가슴살 사용 시 미리 물기를 제거해 두세요.

5 모차렐라 치즈를 소복하게 올리고 180~190도로 예열된 오븐에서 약 15~20분간 구워주세요.

6 잘 구워진 피자 위에 물기를 제거한 어린잎채소를 소복이 올려내요.

토르티야 만들기

재료
- ☐ 중력분(500g) ☐ 설탕(2큰술) ☐ 소금(1½작은술) ☐ 인스턴트 이스트(2½작은술)
- ☐ 올리브유(1큰술) ☐ 달걀 노른자(1개) ☐ 물(220g)

1. 체 친 중력분에 설탕, 소금, 이스트는 서로 닿지 않게 넣고 올리브유, 달걀, 물을 넣어 반죽해요.

2. 한 덩어리로 뭉쳐진 반죽은 비닐을 덮어 따뜻한 곳에서 약 30~40분간 발효시켜 주세요.

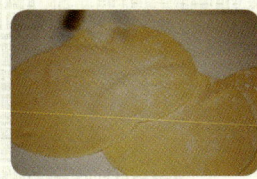

3. 발효가 끝난 반죽은 잘 치대어 가스를 제거해요. 밀대를 이용해서 2~3mm 두께로 얇게 밀고 지름 20cm 내외 크기의 냄비뚜껑으로 찍어 모양을 만들어요.

4. 달궈진 팬에 기름을 두르지 않고 앞뒤를 노릇하게 구워주세요.

8 치즈 오븐 스파게티

토마토소스에 다진 소고기를 넣어 만든 미트소스는 아이들이 가장 좋아하는 소스예요. 여기에 모차렐라 치즈를 가득 올려 구워놓은 치즈 오븐 스파게티는 더 이상의 설명이 필요 없을 정도로 아이들이 좋아하죠.

재료
- 올리브유(2큰술) □ 양파(1개) □ 다진 소고기(300g) □ 다진 마늘(1큰술) □ 토마토페이스트(150g) □ 토마토홀(200g)
- 토마토케첩(120ml) □ 월계수 잎(3~5장) □ 바질가루(1/2큰술) □ 소금(1/2작은술) □ 후춧가루(조금)
- 삶은 스파게티면(스파게티면 200g, 물 1.5L, 올리브유 1/2큰술, 소금 조금) □ 모차렐라 치즈(150~200g)

이렇게 만들어요!

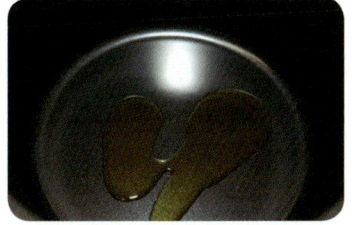

1. 달궈진 팬에 올리브유를 둘러주세요.

2. 다진 마늘을 넣고 살짝 볶아 향을 내요.

3. 양파를 잘게 잘라 볶아주세요.

4. 다진 소고기에 소금과 후춧가루를 넣어 볶다가 토마토페이스트와 토마토홀을 잘게 잘라 넣어주세요.

5. 토마토케첩을 넣어 잘 섞어주세요.

6. 토마토소스에 월계수 잎과 바질을 넣어주세요.

7. 약불에서 걸쭉하게 끓입니다. 나중에 월계수 잎은 건져내요.

8. 토마토소스가 만들어지는 동안 옆에서 끓는 물에 소금과 올리브유를 조금 넣고 스파게티면을 삶아주세요.

9. 멀티팬에 삶은 스파게티면과 토마토소스를 적당량 넣고 잘 버무려주세요. 이때 스파게티면은 찬물에 헹구지 말고 뜨거운 채로 소스에 볶아주세요.

> 면을 삶을 때 소금과 올리브유를 넣는 것은 면을 삶는 동안 빠져나온 소금기를 보충하고 면이 붙지 않게 하기 위해서예요.

10. 토마토 스파게티를 오븐그릇에 담고 모차렐라 치즈를 듬뿍 올려 180~200도로 예열된 오븐에서 10분 정도 구워주세요.

19 크림 스파게티

크림 스파게티를 좋아하신다면 생크림 대신 베샤멜 소스로 만든 크림 스파게티를 만들어보세요. 고소한 맛과 담백한 맛이 생크림을 넣어 만든 스파게티 못지않아요.

재료
- 버터(1큰술) ☐ 밀가루(1큰술) ☐ 우유(550ml) ☐ 슬라이스 치즈(2장) ☐ 소금(1작은술) ☐ 양파(1/2개) ☐ 피망(1개)
- 올리브유(1큰술) ☐ 먹물스파게티면(200g) ☐ 파슬리가루(조금)

◆ 이렇게 만들어요!

1 스파게티에 들어가는 양파와 피망은 채 썰어 준비해요.

2 달궈진 팬에 분량의 버터를 넣고 약한 불에서 녹인 다음, 밀가루를 넣어 타지 않게 볶아주세요.

3 분량의 우유를 넣어 끓이다가 슬라이스 치즈를 넣어주세요.

4 팬에 눌어붙지 않게 계속 저으면서 걸쭉하게 끓이다가 소금(1/2작은술)을 넣어 간을 맞춰요.

5 다른 팬에 올리브유(1/2큰술)를 두르고 잘라놓은 양파와 피망을 넣고 살짝만 익혀요.

6 4의 크림소스에 볶은 양파와 피망을 넣어 섞어주세요.

7 크림소스를 만드는 동안 옆에선 올리브유(1/2큰술)와 소금(1/2작은술)을 넣고 스파게티면을 삶을 물을 끓여주세요.

8 물이 끓으면 스파게티면을 넣고 10~15분 정도 삶아주세요.

9 스파게티면은 찬물에 헹구지 말고 뜨거운 상태로 물기를 제거해요.

10 크림소스에 삶은 스파게티면을 넣고 잘 어우러지게 버무려요. 그릇에 담아 파슬리가루를 솔솔 뿌려내요.

Part 2_ 밥 먹기 지겨워하는 아이들 불만 잠재우기   57

2o 까르보나라

고소하고 진한 크림소스의 맛이 일품이예요. 부드럽고 진한 맛의 까르보나라. 이젠 집에서도 어렵지 않게 만들어 드실 수 있어요.

재료
- 올리브유(1큰술) □ 통마늘(3~4개) □ 베이컨(100g) □ 양파(1개) □ 양송이버섯(5~6개) □ 데친브로콜리(120g) □ 생크림(200ml) □ 우유(200ml) □ 슬라이스치즈(1장) □ 달걀 노른자(1개) □ 파마산 치즈(1½큰술) □ 소금(1/2작은술) □ 후춧가루(조금)
- 파스타면(약 200g)

이렇게 만들어요!

1 브로콜리는 굵은 대를 제거하고 소금물에 살짝 데쳐서 준비해요.

2 양송이버섯은 모양을 살려 썰고 통마늘은 편으로, 양파는 결대로 채 썰고 베이컨도 적당한 크기로 잘라 준비해요.

3 올리브유와 소금을 조금 넣고 물이 끓으면 파스타면을 넣어 약 10~15분간 삶아주세요.

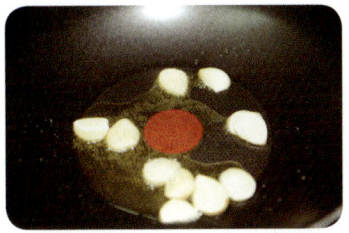

4 달궈진 팬에 올리브유(1/2큰술)를 두르고 마늘을 살짝 볶아 향을 내요.

5 준비한 재료들을 넣고 볶아주세요.

6 분량의 우유와 생크림을 넣고 약한 불에서 끓여요.

7 슬라이스 치즈를 넣고 소금과 후추로 간을 맞춰요.

8 가스레인지 불을 끈 상태에서 달걀 노른자를 넣어 재빨리 섞어주세요.

9 파마산치즈를 넣어 농도를 맞춰주세요.

베이컨과 치즈가 들어가 싱겁지는 않아요. 간을 보시고 싱겁다 싶으면 소금을 조금 넣어 주세요.

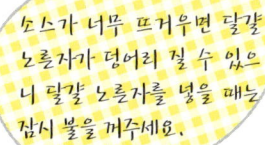

소스가 너무 뜨거우면 달걀 노른자가 덩어리 질 수 있으니 달걀 노른자를 넣을 때는 잠시 불을 꺼주세요.

10 소스에 삶아 놓은 뜨거운 파스타면을 넣고 잘 버무려 접시에 담아냅니다.

알리오 올리오 파스타

알리오 올리오(Aglio e Olio) 파스타는 '마늘'과 '올리브유'를 주재료로 해서 맛을 낸 파스타예요. 마늘 향이 은은히 녹아 있는 올리브유에 볶아낸 파스타는 고소하고 깔끔한 맛이에요. 소스에 버무려진 다른 파스타와는 또 다른 별미랍니다.

 **재료**

□ 올리브유(적당량) □ 통마늘(5개) □ 말린 홍고추(1개) □ 스파게티면(100g) □ 실파(2~3가닥) □ 소금(적당량) □ 후춧가루(조금)

 이렇게 만들어요!

1 마늘은 편으로, 홍고추는 어슷하게 썰어주세요. 실파는 잘 다듬어서 잘게 썰어주세요.

2 끓는 물에 올리브유(1/2큰술)와 소금(1/2작은술)을 넣고 스파게티면을 삶아주세요.

3 올리브유를 넉넉하게 팬에 두르고 마늘과 말린 홍고추를 살짝 볶아 향을 내요.

4 삶아진 스파게티면은 찬물에 헹구지 않고 뜨거운 물에서 건져 바로 3의 팬에 넣어 볶고 소금과 후추로 간을 맞춰요.

5 마늘향이 녹아 있는 오일에 면이 튀겨지지 않게 주의하면서 재빨리 볶아주세요. 완성된 알리오 올리오를 그릇에 담고 실파를 솔솔 뿌려냅니다.

> 면을 오래 볶게 되면 수분이 날아가 면이 뻣뻣해질 수 있으니 주의하세요. 볶으면서 빡빡한 느낌이 든다면 면 삶은 물을 조금 넣어주세요.

봉골레 스파게티

봉골레는 이태리어로 조개라는 뜻으로 봉골레 스파게티는 조개를 넣어 만드는 파스타 요리를 말해요.
담백한 조개의 맛에 화이트 와인의 풍미가 가득 더해진 매력 만점의 파스타랍니다.

재료

☐ 올리브유(적당량) ☐ 통마늘(2~3개) ☐ 말린 홍고추(1개) ☐ 바지락(400g) ☐ 화이트 와인(적당량) ☐ 스파게티면(100g) ☐ 소금
☐ 후춧가루 ☐ 파슬리가루

이렇게 만들어요!

1 마늘은 편으로 썰고, 홍고추는 어슷하게 썰어주세요.

2 바지락은 옅은 소금물에 담가 어두운 곳에서 하룻밤 정도 해감한 다음 깨끗이 씻어주세요.

3 올리브유를 넉넉하게 팬에 두르고 마늘과 말린 홍고추를 살짝 볶아 향을 내요.

4 해감한 바지락을 넣고 달달 볶아주세요.

5 바지락이 잠길 만큼 화이트 와인을 넣고 바지락을 익혀주세요.

6 끓는 물에 올리브유(1/2큰술)와 소금(1/2작은술)을 넣고 스파게티면을 삶아주세요. 스파게티면은 찬물에 헹구지 않고 뜨거운 물에서 건져 바로 사용합니다.

7 국물이 자박하게 있는 바지락에 삶은 스파게티면을 넣고 잘 버무려 주세요. 소금과 후춧가루를 넣어 간을 맞춰요.

> 소스가 좀 부족하다 싶으면 스파게티 삶은 물을 조금 넣어 농도를 조절하세요.

8 마지막으로 파슬리가루를 뿌려 그릇에 담아냅니다.

23 떡국 떡 그라탱

떡국 떡의 무한변신! 명절 때 사용하고 남은 떡국 떡을 토마토소스에 버무려 치즈를 올려 구워낸 그라탱이에요. 아이들 간식이나 간단한 와인 안주로도 아주 좋아요.

재료

- 떡국 떡(300g)
- 모차렐라 치즈(200g)
- 파슬리가루(적당량)
- 토마토소스 : 올리브유(2큰술), 양파(1개), 다진 소고기(300g), 다진 마늘(1큰술), 토마토페이스트(150g), 토마토홀(200g), 토마토케첩(120ml), 월계수 잎(3~5장), 바질가루(1/2큰술), 설탕(1/2큰술), 소금(1/2작은술), 후춧가루(조금)

이렇게 만들어요!

1 달궈진 팬에 다진 마늘을 넣고 볶아주세요.

2 다진 소고기, 다진 양파를 넣고 볶아요. 소금과 후추로 밑간해요.

3 토마토페이스트를 넣고 잘 섞어주세요.

4 잘게 다진 토마토홀을 넣고 섞어주세요.

5 토마토케첩을 넣고 섞어주세요.

6 월계수 잎과 바질을 넣어주세요.

7 약한 불에서 뭉근하게 졸입니다. 나중에 월계수 잎은 건져내세요.

8 불려놓은 떡국 떡을 넣고 소스와 잘 어우러지게 볶아주세요.

9 토마토소스에 버무린 떡을 그라탱 그릇에 옮겨 담아요.

10 피자 치즈를 소복하게 올려 200도로 예열된 오븐에서 5~10분간 노릇하게 구워주세요.

11 치즈 위에 파슬리가루를 솔솔 뿌려 장식합니다.

24 고구마 그라탱

고소한 베샤멜 소스와 달콤한 고구마의 환상적인 만남. 고구마 그라탱은 순하고 부드러워 어린 아이들 영양 간식으로 아주 좋아요.

재료
- 밤고구마(중간크기로(3~4개) □ 캔 옥수수(3~4큰술) □ 캔 완두콩(3~4큰술) □ 모차렐라 치즈(200g) □ 파슬리가루(조금)
- 베사멜소스(적당량)

이렇게 만들어요!

1 고구마를 쪄서 뜨거울 때 으깨요.

2 으깬 고구마에 캔 옥수수와 캔 완두콩을 넣고 잘 섞어주세요.

3 오븐용기의 70% 정도만 채워 담아주세요.

> 고구마는 껍질을 제거하고 뜨거울 때 으깨야 곱게 잘 으깰 수 있어요.

4 베사멜 소스를 담아주세요.

5 모차렐라 치즈를 그득히 얹어주세요.

6 180도로 예열된 오븐에서 15~20분간 구워낸 다음 파슬리가루를 뿌려주세요.

베샤멜 소스 만들기

재료 □ 버터(2큰술) □ 밀가루(2큰술) □ 우유(500ml) □ 소금(1/2작은술) □ 백후춧가루(조금)

1. 팬에 버터를 녹여줍니다.

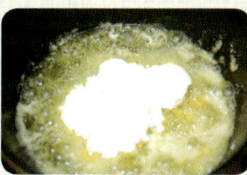

2. 녹인 버터에 밀가루를 넣고 타지 않게 볶아주세요.

3. 볶은 밀가루에 우유를 넣고 덩어리 없이 잘 풀어주세요.

4. 약한 불에서 계속 저어가며 걸쭉하게 끓입니다. 농도에 따라 우유를 더 넣으셔도 되고요. 완성된 소스에는 소금과 백후춧가루를 넣어 간합니다.

25 참치 샌드위치

담백하고 부드러운 참치살에 아작아작 씹히는 오이와 양파가 빠지면 서운해요.

재료

☐ 참치캔(1캔) ☐ 오이(1개) ☐ 양파(1/2개) ☐ 마요네즈(적당량) ☐ 소금(적당량) ☐ 후추(조금) ☐ 식빵(6장)

이렇게 만들어요!

1 오이는 동그랗고 얇게 썰고 양파는 결을 따라 채 썰어 소금물에 살짝 절여요.

2 절인 오이와 양파는 물에 씻은 다음 베보자기에 싸서 꼭 짜 물기를 제거해요.

물기를 완전히 제거해야지만 오이와 양파의 식감이 오독오독 좋아져요.

3 참치는 체에 밭쳐 기름과 수분을 제거해요.

4 볼에 오이와 양파, 참치, 후춧가루를 넣고 마요네즈를 적당량 넣어 잘 섞어주세요.

5 준비한 식빵에 속 재료를 잘 펴 바르고 다른 식빵을 얹어주세요.

6 같은 과정을 다시 한 번 반복해요.

7 완성된 참치 샌드위치는 먹기 좋은 크기로 썰어 내시면 됩니다.

26 크랩 샌드위치

간단하게 준비한 샌드위치로 예쁘게 도시락을 싸서 가까운 곳으로 나들이를 떠나보세요.

재료

- 크래미(5줄)
- 오이(1개)
- 양파(1/2개)
- 마요네즈(적당량)
- 설탕(1/2작은술)
- 후춧가루(조금)
- 샌드위치 식빵(또는 부시맨 브레드)
- 스위트 머스터드소스(적당량)
- 소금(적당량)

이렇게 만들어요!

1 오이와 양파는 얇게 잘라 소금물에 살짝 절여 준 다음 물기를 꽉 짜 준비해주세요. 크래미는 어슷썰기해요.

2 마요네즈와 설탕, 후춧가루를 넣고 잘 섞어주세요.

3 부시맨 브레드를 반으로 갈라 스위트 머스터드소스를 바르고 속 재료를 채워주세요. 먹기 좋은 크기로 자릅니다.

27 쉬림프 샌드위치 & 에그 샌드위치

탱글탱글 새우살과 매쉬드 포테이토의 부드러운 맛이 잘 어울려요. 감자와 달걀이 들어가 적당한 포만감도 느낄 수 있어 한 끼 식사로도 손색없는 샌드위치예요.

〈쉬림프 샌드위치〉

 재료

- ☐ 식빵(6조각)
- ☐ 깐 새우(150~200g)
- ☐ 케이준 시즈닝(1/2큰술)
- ☐ 올리브유(1큰술)
- ☐ 감자(중간크기로 1개)
- ☐ 파슬리가루(1/2작은술)
- ☐ 마요네즈(적당량)
- ☐ 상추(양상추 6장)
- ☐ 홀그레인 머스터드소스(적당량)

 이렇게 만들어요!

1 깐 새우는 내장을 제거하고 씻어요. 케이준 시즈닝을 뿌려 잠시 재워두었던 새우를 올리브유를 두른 팬에 구워주세요.

2 삶은 감자는 뜨거울 때 으깨고 파슬리가루와 마요네즈를 넣어 섞어주세요.

3 상추는 깨끗이 씻어 물기를 제거해요.

4 식빵 한쪽 면에 홀그레인 머스터드소스를 펴 발라주세요.

5 상추를 얹고 으깬 감자를 빈 곳 없이 펴 발라주세요.

6 구워놓은 새우를 얹고 홀그레인 머스터드소스를 바른 빵으로 덮어요.

7 완성된 샌드위치는 유산지로 싸요.

8 유산지째로 '+'자 모양으로 잘라 4등분합니다.

〈에그 샌드위치〉

 **재료**
- 식빵(6조각)
- 오이(1/2개)
- 설탕(1큰술)
- 식초(1큰술)
- 삶은 달걀(2개)
- 마요네즈(적당량)
- 방울토마토(9개)
- 상추(양상추 6장)
- 홀그레인 머스터드소스(적당량)

이렇게 만들어요!

1 얇게 썬 오이는 설탕, 식초를 넣은 배합초에 절인 다음 물기를 꽉 짜서 준비해요.

2 방울토마토는 깨끗이 씻어 얇게 잘라주세요.

시판 오이피클을 사용하셔도 돼요.

3 상추는 깨끗이 씻어 물기를 제거해요.

4 삶은 달걀을 잘게 다져 마요네즈를 넣고 잘 섞어주세요.

5 홀그레인 머스터드소스를 한 쪽 면에 바른 식빵에 상추를 얹고 마요네즈를 섞은 달걀을 펴 발라요.

6 달걀 위에 절인 오이를 올려주세요.

7 얇게 슬라이스한 방울토마토를 올려주고 홀그레인 머스터드소스를 바른 식빵으로 덮어요.

8 완성된 샌드위치는 유산지로 싸요.

유산지로 샌드위치를 싸두면 수분이 마르지 않아 촉촉한 샌드위치의 맛이 한동안 유지되어 맛있게 드실 수 있어요.

9 유산지째로 '+'자 모양으로 자르면 속 재료가 빠지지 않고 손에도 묻지 않아 좋아요.

28 터널 샌드위치

기다란 바게트에 터널 모양으로 구멍을 뻥 뚫은 다음 속재료를 채워넣어 이름 붙여진 샌드위치예요.

 **재료**
□ 바게트(1개)   □ 감자(작은 것 2개)   □ 오이(1개)   □ 양파(1/2개)   □ 소금(적당량)   □ 슬라이스 햄(5~7장)   □ 마요네즈(적당량)
□ 설탕(1작은술)

 이렇게 만들어요!

1 감자는 껍질을 벗기고 푹 삶아 뜨거울 때 으깨요.

> 식은 감자는 곱게 으깨기 힘들어요.

2 슬라이스 햄은 길쭉하게 채썰어주세요.

3 오이와 양파는 얇게 썰어 소금물에 살짝 절인 다음 베보자기에 넣어 물기를 꽉 짜서 준비해요.

4 볼에 으깬 감자, 슬라이스 햄, 절인 오이와 양파, 마요네즈와 설탕을 넣고 잘 섞어주세요.

5 바게트의 양 끄트머리는 잘라내고 원통형으로 잘라요.

6 샌드위치의 속 재료가 들어갈 수 있게 바게트 안쪽의 빵을 뜯어내요.

7 터널처럼 속이 비어 있는 바게트에 샌드위치의 속 재료를 채워넣은 다음 먹기 좋은 크기로 잘라주세요.

고구마 샌드위치

고구마가 한창 제철일 때 달콤한 밤고구마를 으깨 샌드위치를 만들어봤어요. 부드러운 고구마에 다져넣은 오이피클의 새콤달콤한 맛은 까다로운 아이들의 입맛도 한번에 사로잡아요.

재료
- 삶은 밤고구마(중간크기 2개)
- 오이피클(60~70g)
- 당근(1/2개)
- 삶은 달걀(2개)
- 마요네즈(적당량)
- 후춧가루(조금)
- 식빵(8장)

이렇게 만들어요!

1 잘 삶아진 밤고구마는 뜨거울 때 으깨주세요.

2 오이피클, 당근, 삶은 달걀은 잘게 다져주세요.

3 1의 으깬 고구마에 피클, 당근, 달걀, 마요네즈, 후춧가루를 넣고 잘 섞어주세요.

4 식빵 한쪽 면에 속 재료를 펴 바르고 다른 식빵으로 덮어요.

5 완성된 샌드위치는 유산지로 싸서 대각선으로 자릅니다.

핫 샌드위치

노랗게 녹아내린 치즈가 먹음직스러워요. 체다 치즈를 넣어 그릴에 구운 핫 샌드위치는 상큼한 샐러드와 함께 휴일의 브런치로 준비해보세요.

재료

- 감자(작은 것 2개)
- 마요네즈(적당량)
- 설탕(1/2작은술)
- 파슬리가루(1/2작은술)
- 체다 치즈(8장)
- 슬라이스 햄(4~6장)
- 식빵(8~10장)

이렇게 만들어요!

1 껍질을 제거한 감자는 푹 삶아서 뜨거울 때 으깨고 마요네즈, 설탕, 파슬리가루를 넣어 잘 섞어주세요.

2 식빵 한쪽 면에 듬뿍 얹어 펴 발라요.

3 슬라이스 햄을 감자 위에 얹어 주세요.

4 체다 치즈를 얹고 다른 식빵을 올려주세요.

5 체다 치즈가 녹을 때까지 그릴이나 프라이팬에 올려 구워주세요.

6 앞, 뒤 노릇하게 구워진 샌드위치는 먹기 좋은 크기로 자릅니다.

아메리칸 핫도그

아이들이 좋아하는 핫도그, 만들기 어렵지 않아요. 이젠 간단한 재료로 집에서 직접 만들어보세요.

재료
- □ 핫도그 빵(2개) □ 소시지(2개) □ 양파(1/2개) □ 오이피클(50~60g) □ 홀그레인 머스터드소스(적당량)
- □ 토마토케첩(적당량) □ 스위트 머스터드소스(적당량)

이렇게 만들어요!

1 양파는 매운맛을 제거하기 위해 찬물에 잠시 담가놓으세요.

2 오이피클과 양파는 물기를 제거해서 잘게 다져주세요.

3 소시지는 사선으로 칼집을 넣어 끓는 물에 삶아주세요.

4 핫도그 빵을 길게 반 가르고 양쪽 면에 홀그레인 머스터드소스를 잘 펴 발라요.

5 한쪽 면에 다진 피클, 다른 한쪽 면에는 다진 양파를 펴 발라주세요.

6 삶은 소시지를 빵 사이에 끼워주세요.

7 빵 위에 토마토케첩과 스위트 머스터드소스를 번갈아 가며 지그재그로 뿌려주세요.

소스 예쁘게 뿌리는 팁

비닐팩을 짤주머니처럼 이용하면 쉽고도 예쁘게 소스를 뿌려낼 수 있어요. 비닐팩에 필요한 양만큼 소스를 담고 끄트머리를 조금 잘라 소스를 뿌려주시면 끝~ 아주 쉽지요?

32 간장 떡볶이

간장 떡볶이는 말 그대로 빨간 고추장 떡볶이와는 다르게 달콤짭쪼름한 간장양념으로 맛을 낸 떡볶이에요. 궁중떡볶이라고도 하는데요. 궁중떡볶이는 원래 소고기와 여러 채소들을 떡과 함께 볶아내는데 집에 있는 재료들로만 이용해서 간단히 만들어도 맛있어요.

 재료

☐ 머쉬마루 버섯(150g), ☐ 떡볶이 떡(18개), ☐ 대파(1/3개), ☐ 통깨(1/2작은술)
☐ 양념장 : 간장(4큰술), 물엿(3큰술), 설탕(1큰술), 참기름(1큰술), 후춧가루(조금), 물(3큰술)

 이렇게 만들어요!

1 떡볶이 떡은 뜨거운 물에 살짝 데쳐 말캉하게 준비해요.

2 멀티팬에 기름을 두르고 떡과 버섯을 넣어요.

3 간장, 물엿, 설탕, 참기름, 후춧가루, 물을 섞어 만든 양념장을 부어 끓여요.

4 양념장이 졸면 어슷하게 썰어 놓은 대파를 넣어요.

5 깨를 넣고 잘 버무려주세요.

6 그릇에 가지런히 담아내요.

 33 고추장 떡볶이 & 어묵탕

〈고추장 떡볶이〉

새빨갛고 매콤한 고추장 양념이 매력적인 국민간식 고추장 떡볶이예요. 매워매워~ 하면서도 자꾸만 손이 가게 만들죠. 고추장 떡볶이를 만들 때는 어묵탕도 함께 준비해 보세요. 이열치열 제대로 화끈한 맛을 즐기실 수 있어요.

재료

☐ 떡볶이 떡(860g) ☐ 사각어묵(3장) ☐ 삶은 달걀(3~4개) ☐ 대파(1/2개) ☐ 어묵국물(1컵) ☐ 고추장(2큰술) ☐ 고춧가루(2큰술) ☐ 간장(1큰술) ☐ 물엿(5큰술) ☐ 후춧가루(조금)

 이렇게 만들어요!

1 딱딱한 떡은 물에 담가 잠시 불려주세요.

2 어묵과 대파를 적당한 크기로 자르고 삶은 달걀을 준비해요.

3 멀티팬에 어묵국물을 붓고 고추장, 고춧가루, 간장, 물엿 등 양념을 넣어 잘 섞어주세요.

4 떡볶이 떡을 양념팬에 넣고 끓여주세요.

5 떡이 말캉하게 익으면 어묵과 삶은 달걀을 넣고 잘 섞어주세요.

6 어슷하게 썰어놓은 대파도 넣어요.

7 자박하게 양념국물이 남아 있을 때 불에서 내려요.

〈어묵탕〉

뜨끈한 국물이 생각날 때 젤 먼저 떠오르는 게 어묵탕인 것 같아요. 칼칼한 국물을 좋아하신다면 어묵탕을 끓일 때 청양고추를 조금 넣어보세요. 개운하고 칼칼한 국물 맛이 끝내줘요.

재료
☐ 국멸치(30g) ☐ 물(1L) ☐ 다시마(사방 5cm 3장) ☐ 무(100g) ☐ 국간장(적당량) ☐ 사각어묵(5장) ☐ 대파(1/4개)

이렇게 만들어요!

1 멸치와 다시마를 찬물에 넣고 팔팔 끓여주세요.

2 국물이 우러나면 국멸치와 다시마는 건져내고 큼직하게 썬 무를 넣어 끓여주세요.

3 불순물 제거를 위해 어묵에 뜨거운 물을 부어주세요.

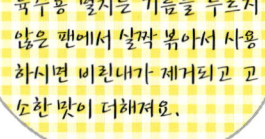

육수용 멸치는 기름을 두르지 않은 팬에서 살짝 볶아서 사용하시면 비린내가 제거되고 고소한 맛이 더해져요.

4 어묵은 적당한 크기로 잘라 꼬치에 꽂아요.

5 멸치육수에 어묵꼬치를 넣고 끓이다가 국간장으로 간을 맞춰주세요.

6 어슷하게 썬 대파를 넣고 잠시 더 끓인 다음 불에서 내려요.

칼칼한 맛을 좋아하시면 청양고추를 한두 개 썰어 넣으셔도 좋아요.

Part 2_ 밥 먹기 지겨워하는 아이들 불만 잠재우기

34 크림 떡볶이

눈사람을 닮은 조랭이떡과 치즈를 넣어 만든 부드럽고 고소한 떡볶이에요. 동글동글~ 귀여운 모양과 순한 맛으로 어린아이들 영양 간식으로 좋아요.

재료
- 조랭이떡(250g), 모차렐라 치즈(100g), 파슬리가루(조금)
- 크림소스 : 버터(1/2큰술), 밀가루(1/2큰술), 우유(1컵), 소금(조금), 슬라이스 치즈(1장)

이렇게 만들어요!

1 조랭이떡은 끓는 물에 데쳐 말캉하게 준비해요.

2 달궈진 팬에 버터를 녹이고 밀가루를 넣어 타지 않게 볶아주세요.

3 우유를 부어 밑이 눌어붙지 않게 계속 저으며 끓여주세요.

4 슬라이스 치즈를 넣고 약간의 소금을 넣어 간을 맞춰요.

5 조랭이떡을 넣어 소스와 잘 버무려 주세요.

6 오븐 그릇에 옮겨 담고 모차렐라 치즈를 가득 올려요.

7 180도로 예열된 오븐에서 치즈가 녹아내릴 때까지 약 10분간 구워주세요. 치즈 위에 파슬리가루를 솔솔 뿌려 장식해요.

장식용으로 쓰는 파슬리가루는 생파슬리를 잘게 다진 후 냉동보관해서 사용하면 편리하고 좋아요.

35 웨지감자

패밀리 레스토랑에 가면 메인메뉴의 사이드메뉴로 나오는 웨지감자는 아이들이 무척이나 좋아하는 간식 중 하나예요. 많은 재료 없이도, 꼭 오븐에 굽지 않고 프라이팬에 노릇노릇 구워내셔도 되니 한 번 도전해보세요.

 재료
☐ 감자(중간크기 2개) ☐ 소금(1/3큰술) ☐ 올리브유(3큰술) ☐ 파마산 치즈(3큰술) ☐ 파슬리가루(1큰술)

이렇게 만들어요!

1 감자는 껍질째 깨끗이 씻어 반달 모양으로 잘라주세요.

2 끓는 물에 소금을 넣고 반 정도만 익혀주세요.

3 키친타월에 올려 물기를 제거해요.

웨지감자를 만들땐 작고 길쭉한 모양의 감자를 사용하시면 좋아요.

4 올리브유, 파마산 치즈, 파슬리가루를 넣고 감자가 부서지지 않게 섞어요.

5 서로 닿지 않게 팬에 올려요.

6 200도로 예열된 오븐에서 20~25분간 구워요.

포테이토스킨

감자에는 비타민 C가 아주 풍부하기 때문에 하루에 2개만 먹으면 성인 1일 비타민 C 요구량을 다 섭취할 수 있어요. 감자에 들어 있는 비타민 C를 보다 완전한 상태로 섭취하기 위해서는 감자의 껍질을 벗기지 않고, 산화방지를 위해서 튀기는 것보다 볶는 것이 더 좋아요.

재료
□ 감자(작은 크기 7개) □ 베이컨(2줄) □ 슬라이스 치즈(2장) □ 모차렐라 치즈(200g) □ 소금(조금) □ 후추(조금) □ 파슬리가루(조금) □ 사워크림(적당량)

이렇게 만들어요!

1 크기가 작은 감자를 껍질째 깨끗이 씻어주세요.

2 위생 비닐에 감자와 물을 조금 담아 전자레인지에서 10~15분간 삶아주세요.

> 이때, 비닐 뒤쪽에 구멍을 작게 뚫고 껍질이 벗겨질 정도로 감자를 푹 익히지 않도록 합니다.

3 감자가 익는 동안 베이컨을 잘게 다져 준비해요.

4 슬라이스 치즈도 잘게 다져주세요.

5 삶은 감자는 반으로 갈라 감자 속을 긁어내요.

6 파낸 감자 속은 따로 모아 잘 으깨고 약간의 소금과 후추로 간을 맞춰주세요.

7 6에서 양념한 감자를 5번 감자에 다시 채워주세요.

8 다져놓은 베이컨과 치즈를 으깬 감자 위에 소복하게 올리고 마지막으로 모차렐라 치즈를 얹어주세요.

9 180도 정도로 예열된 오븐에서 20분 정도 굽다가 치즈가 충분히 녹으면 오븐에서 꺼내 파슬리가루 솔솔 뿌려 주세요. 완성된 포테이토스킨은 사워크림을 함께 곁들여 내시면 됩니다.

해쉬 브라운

해쉬 브라운은 감자를 잘게 다지거나 채 썰어서 기름에 조리한 브런치 메뉴예요. 기름에 튀겨진 고소하고 파삭한 해쉬 브라운은 토마토케첩을 듬뿍 찍어 먹어야 제맛이에요.

 재료
□ 감자(큰 걸로 3개) □ 소금(1/2작은술) □ 후춧가루(조금) □ 식용유(적당량) □ 토마토케첩(적당량)

이렇게 만들어요!

1 감자는 아주 가늘게 채를 썰어주세요.

2 채 썬 감자를 그릇에 담고 소금과 후춧가루를 뿌려 밑간해요.

3 달궈진 팬에 식용유를 둘러주세요.

> 1. 아주 가늘게 채 썰어야 감자가 서로 엉겨붙어 모양내기 좋아요.
> 2. 가늘게 채 써는 게 어려우시면 채칼을 이용하시면 편리해요.

4 채 썬 감자를 얄팍하게 펼쳐 앞뒤 노릇하게 지져요.

5 위에 토마토케첩을 뿌려내세요.

고구마크로켓

동글동글 귀여운 고구마 크로켓. 늘 감자로 만들어주던 크로켓을 달콤한 고구마로 만들어봤어요. 크로켓 안에 쭉 늘어나는 치즈는 아이들을 두 번 웃음 짓게 해요.

 재료

- ☐ 고구마(중간크기로 3개)
- ☐ 양파(1/2개)
- ☐ 당근(1/2개)
- ☐ 소고기 다짐육(200g)
- ☐ 체다 치즈(200g)
- ☐ 소금(조금)
- ☐ 후춧가루(조금)
- ☐ 튀김가루(1컵)
- ☐ 달걀(1개)
- ☐ 빵가루(2컵)
- ☐ 식용유(적당량)
- ☐ 토마토케첩(적당량)

이렇게 만들어요!

1 고구마는 삶아서 껍질을 제거하고 뜨거울 때 덩어리가 없도록 으깨주세요.

2 체다 치즈를 사방 1.5~2cm 크기로 잘라요.

3 달궈진 팬에 다진 소고기를 볶은 후, 소금과 후춧가루로 밑간해요.

4 볶은 소고기는 키친타월에 올려 기름을 제거해요.

5 팬에 기름을 두르고 잘게 다진 당근과 양파에 소금과 후춧가루로 밑간해서 볶아요.

6 1에서 으깬 고구마에 소고기와 야채를 넣고 섞어 고구마 반죽을 만들어요.

7 6의 고구마 반죽에 잘라놓은 치즈를 넣고 동그랗게 빚어요.

8 튀김가루에 고구마볼을 굴려 옷을 입히고 달걀물에 담가요.

9 달걀물을 입힌 반죽에 빵가루로 꼼꼼하게 옷을 입혀 주세요.

10 끓는 기름에 넣고 노릇하게 튀겨주세요.

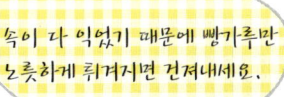

속이 다 익었기 때문에 빵가루만 노릇하게 튀겨지면 건져내세요.

11 키친타월에 올려 기름을 제거하고 그릇에 담아 토마토 케첩과 함께 내요.

39 고구마 맛탕 & 옥수수 맛탕

고구마와 옥수수를 튀겨 달콤한 설탕시럽에 버무린 고구마 맛탕 & 옥수수 맛탕은 실처럼 늘어지는 시럽이 생명이에요. 어렵지 않게 설탕시럽을 만드는 방법을 알려드릴게요.

〈고구마 맛탕〉

고구마 맛탕 재료
☐ 고구마(중간크기)3~4개) ☐ 식용유(적당량) ☐ 검은깨(1/2큰술) ☐ 설탕시럽 : 식용유(4큰술), 설탕(반 컵), 올리고당(1큰술)

이렇게 만들어요!

1 고구마는 껍질째 깨끗이 씻어 물기를 제거하고 한입 크기로 썰어요.

2 튀김하기 적정한 온도(170~180도)의 기름에 넣고 튀겨주세요.

3 키친타월에 올려 기름을 제거해요.

4 설탕시럽을 만들기 위해 달궈진 팬에 기름을 넉넉히 부어요.

5 약한 불에서 설탕이 녹는 동안 젓지 말고 기다려주세요. 설탕이 녹아 투명한 갈색이 될 때 올리고당을 조금 넣고 불을 끄면 설탕시럽이 완성됩니다.

6 시럽이 든 팬에 튀긴 고구마와 검은깨를 넣고 고루 버무려요.

〈옥수수 맛탕〉

옥수수 맛탕 재료

- 스위트 콘(198g 1캔) □ 캔 완두콩(40g) □ 녹말가루(2큰술) □ 달걀(1개) □ 식용유(적당량) □ 검은깨(1/2큰술)
- 설탕시럽 : 식용유(4큰술), 설탕(반 컵), 올리고당(1큰술)

이렇게 만들어요!

1 체에 밭쳐 물기를 제거한 스위트 콘과 완두콩, 녹말가루, 달걀을 넣어 잘 섞고 녹말가루를 가감하면서 질기를 맞춰요.

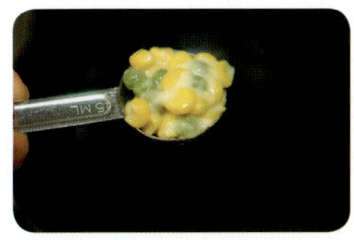

2 숟가락이나 계량스푼을 이용해서 1에서 만든 반죽을 끓는 기름에 떠 넣어요.

3 겉 부분이 익을 때까지 숟가락으로 떠 넣은 반죽을 건들지 말고 그대로 튀겨주세요. 옥수수 알갱이가 다 흩어질 수 있어요.

4 튀긴 옥수수는 키친타월에 올려 기름을 제거해요.

5 설탕시럽을 만들기 위해 달궈진 팬에 기름을 넉넉히 붓고 설탕을 넣어요. 젓지 말고 투명한 갈색이 될 때까지 녹인 후 올리고당을 넣고 불을 꺼요.

6 설탕 시럽이 든 팬에 튀겨놓은 옥수수와 검은깨를 넣어 잘 버무려요.

 4o 고구마 칩 & 고구마 스틱

지금만큼 먹을거리가 다양하지 않던 어릴 때 어머니께서 자주 만들어 주시던 고구마 튀김. 오독오독 달콤한 고구마 칩과 고구마 스틱은 지금 제 아이들도 과자보다 더 좋아하는 간식이에요.

〈고구마 칩〉

재료
☐ 고구마(중간크기 2개) ☐ 카로티노 오일(식용유 적당량) ☐ 물(500ml) ☐ 설탕(반 컵)

이렇게 만들어요!

1 껍질째 깨끗이 씻은 고구마를 동그란 모양을 살려 얇게 썰어요.

2 고구마의 단맛을 보충하고 전분을 제거하기 위해 설탕 녹인 물에 고구마를 담가요.

3 키친타월로 톡톡 두드려 물기를 말끔히 제거해요. 고구마 표면에 물기가 조금이라도 남아 있으면 튀길 때 위험해요.

4 오일이 끓기 시작하면 물기를 제거한 고구마를 넣어 튀겨요. 얇게 썬 상태이기 때문에 고구마가 금세 탈 수 있으니 많은 양을 한꺼번에 튀기지 않도록 합니다. 수분이 다 날아가고 고구마 주위의 기포가 잦아질 때 건져내세요.

5 튀긴 고구마는 키친타월에 올려 남은 기름을 제거해요.

〈고구마 스틱〉

재료
☐ 고구마(중간크기 2개) ☐ 식용유(적당량) ☐ 물(500ml) ☐ 설탕(반 컵)

1 껍질째로 깨끗이 씻은 고구마는 가늘고 길게 채 썰어 설탕물에 잠시 담갔다가 키친타월로 물기를 제거해요.

2 끓는 기름에 넣어 튀겨요.

이때 자꾸 뒤적이면 익은 고구마가 부스러질 수 있으니, 고구마 표면이 어느 정도 단단히 익을 때까지 건들지 마세요.

3 단단하게 수분이 날아간 고구마를 키친타월에 올려 남은 기름을 제거해요.

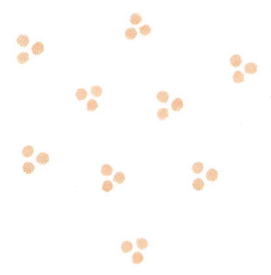

41 소시지꼬치구이

소시지, 야채와 과일을 꼬치에 꽂아 데리야키 소스를 덧발라 구워 본 꼬치구이예요. 맘 편한 주말저녁 소시지꼬치구이와 맥주 한 잔, 어떨까요?

재료
- 소시지(4개) □ 양파(1/2개) □ 파프리카(빨강, 주황 각각 1/2개씩) □ 피망(1/2개) □ 표고버섯(2개) □ 방울토마토(5~6개)
- 미니파인애플(5~6개) □ 다진 파슬리(조금) □ 데리야키 소스(적당량)

이렇게 만들어요!

1 꼬치에 꽂을 야채와 과일을 한입 크기로 잘라주세요.

2 소시지도 사선으로 칼집을 내 한입 크기로 잘라주세요.

3 준비한 재료들을 꼬치에 예쁘게 꽂아주세요.

4 데리야키 소스를 꼬치에 꼼꼼히 발라준 다음 200도로 예열된 오븐에 넣어 10분 정도 구워주세요. 중간에 오븐에서 꺼내 데리야키 소스를 덧바르고 5~10분 정도 더 구워줍니다. 완성된 꼬치구이 위에 다진 파슬리를 얹어주세요.

데리야키 소스 만들기

재료
□ 간장(100ml) □ 꿀(8큰술) □ 맛술(5큰술) □ 통마늘(3~4개) □ 생강(4~5쪽)
□ 피클링 스파이스(1작은술)

1. 작은 냄비에 분량의 간장과 꿀, 맛술을 넣어요.

2. 편으로 저민 통마늘과 생강, 피클링 스파이스를 넣어요.

3. 약한 불에서 바글바글 끓이고 끓어오르면서 생기는 거품은 건어내요.

4. 걸쭉한 상태로 졸여지면 건더기는 체로 걸러내고 식힌 다음 사용하세요.

소시지야채볶음

여러 종류의 모둠 소시지에 야채를 넣고 고추기름으로 칼칼하게 볶아낸 소시지야채볶음이에요. 술안주로 만드실 때는 고추기름에 재료를 볶다가 핫소스를 넣어주시면 더 좋아요. 매운 걸 잘 먹지 못하는 아이들을 위한 밥반찬으로 만드실 땐 식용유에 볶아내시면 됩니다.

재료

- 소시지(350g) □ 표고버섯(2~3개) □ 파프리카(주황, 빨강 1/2개씩) □ 피망(1/2개) □ 양파(1/3개) □ 파슬리가루(조금)
- 슬라이스 파인애플(1~2개) □ 고추기름(2큰술) □ 토마토케첩(2큰술) □ 물엿(1½큰술) □ 소금(조금) □ 후춧가루(조금)

이렇게 만들어요!

1 준비한 재료를 한입 크기로 잘라 주세요.

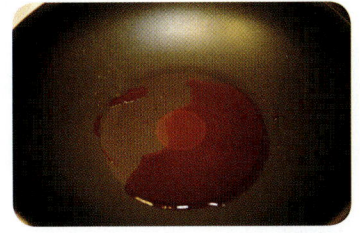

2 달궈진 팬에 고추기름을 둘러요.

3 잘라놓은 재료들을 넣고 볶다가 약간의 소금과 후춧가루를 넣고 밑간해요.

4 토마토케첩과 물엿을 넣고 센 불에서 얼른 볶아내요. 오래 볶으면 야채에 수분이 빠져나와 질척해져요.

5 완성된 소시지볶음을 그릇에 담고 다진 파슬리가루를 뿌려 장식해요.

43 어니언링

패스트푸드 사이드 메뉴 중 감자튀김 다음으로 아이들이 좋아하는 메뉴가 바로 이 어니언링이에요.
양파를 잘 안 먹는 아이들도 튀김옷을 입혀 바삭하게 튀겨주면 좋아해요.

재료

☐ 양파(1개)　☐ 튀김가루(50g)　☐ 달걀(1개)　☐ 빵가루(50g)　☐ 식용유(적당량)　☐ 파슬리가루(1/2큰술)　☐ 토마토케첩(적당량)

이렇게 만들어요!

1 양파는 동그란 모양을 살려 링 모양으로 잘라요.

2 위생팩에 튀김가루와 양파를 넣고 흔들어 섞어주세요.

3 달걀물을 입혀요.

4 꼭꼭 눌러가며 빵가루를 묻혀 주세요.

5 준비된 양파 모두 튀김옷을 입혀 한 번에 튀길 수 있게 준비 해요.

6 끓는 기름에 튀김옷을 입힌 양파를 넣고 노릇하게 튀겨요.

7 키친타월에 올려 남은 기름을 제거하고 그릇에 담아 토마토 케첩과 함께 내요.

44 쥐포튀김

쥐포는 늘 구워서만 먹는 건 줄 알고 있었는데 시집을 오니 명절날 시어머님께서 쥐포로 튀김을 하세요. 그때 먹어본 쥐포튀김은 구워먹는 쥐포와는 또 다른 별미였어요. 카레가루와 빵가루를 묻혀서도 튀겨보세요. 언제 튀김바구니가 비었는지도 모르게 자꾸 자꾸 손이 간답니다.

재료
☐ 쥐포(5장) ☐ 튀김가루(1컵) ☐ 카레가루(1/3큰술) ☐ 빵가루(1컵) ☐ 달걀(1개) ☐ 얼음물(적당량) ☐ 식용유(적당량)

이렇게 만들어요!

1 쥐포는 길쭉한 크기와 한입 크기로 잘라주세요.

2 길게 잘라놓은 쥐포에 물을 살짝 적신 다음 튀김가루를 입혀요.

3 멍울 푼 달걀물을 입혀요.

4 빵가루를 꼼꼼히 묻혀요.

5 약한 불에서 노릇하게 튀겨요. 기름온도가 높으면 쥐포가 금세 타게 되니 주의하세요.

6 2에서 남은 튀김가루에 카레가루(1/3큰술)를 섞어요.

7 얼음물을 넣어 만든 튀김옷에 한입 크기로 잘라놓은 쥐포를 넣어 옷을 입혀요.

8 약한 불에서 노릇하게 튀겨주세요.

9 튀긴 쥐포는 키친타월에 올려 기름을 제거해요.

밀가루 안에 들어있는 글루텐이라는 성분은 부드럽고 쫄깃한 식감을 주죠.

하지만 튀김반죽을 만들 땐 글루텐 성분이 바삭한 튀김을 만드는 데 방해가 되므로 글루텐 함량이 낮은 박력분이나 튀김가루에 찬 온도의 물(얼음물)을 넣고 젓가락 등으로 휘휘 저어 빠른 시간 내에 반죽하게 되면 글루텐이 덜 형성되어 좀 더 바삭하고 맛있는 튀김을 만들 수 있어요.

45 참치카나페

참치와 마요네즈는 맛의 궁합이 잘 맞는 것 같아요. 가벼운 와인 안주로 만들어 본 참치카나페인데
아이들이 맛있다며 모두 집어 먹는 통에 안주 아닌 아이들 간식이 되어버렸었죠.

 **재료**
- 양송이버섯(1팩 10~14개) ☐ 마요네즈 참치(적당량) ☐ 모차렐라 치즈(50g) ☐ 크래커(10~14개) ☐ 슬라이스 치즈(4장)
- 다진 파슬리(조금)

이렇게 만들어요!

1 양송이버섯은 대를 제거하고 깨끗이 씻어 준비해요.

2 기름을 제거한 참치를 마요네즈에 버무려 양송이버섯 안을 채워요.

3 마요네즈 참치 위에 모차렐라 치즈를 소복이 올려주세요.

4 200도로 예열된 오븐에서 5~10분간 구워주세요.

5 크래커 위에 예쁜 모양으로 자른 슬라이스 치즈를 올려주세요.

6 구운 양송이버섯을 올리고 다진 파슬리를 올려 장식합니다.

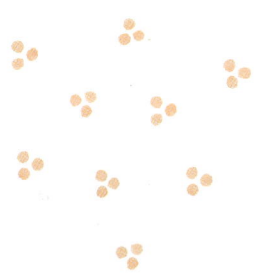

03

간단한 일품요리로
별미 효과 내기

- 46 자장면
- 47 카레우동
- 48 중국식 해물우동
- 49 볶음우동
- 50 어린잎 비빔국수
- 51 쫄면
- 52 골뱅이소면
- 53 콩국수
- 54 세 가지 맛 오니기리
- 55 샌드위치 김밥

- 56 마요네즈 참치롤 & 날치알 김밥
- 57 캘리포니아롤
- 58 참치누드김밥
- 59 오이초밥
- 60 참치유부초밥
- 61 치즈김치 볶음밥
- 62 오므라이스
- 63 잡채밥
- 64 알밥
- 65 광어회덮밥

46 자장면

춘장을 볶지 않고 카레처럼 자장 분말가루를 넣어 간단하게 만든 자장면이에요. 중국집에서 먹는 자장 맛을 내고 싶다면 만든 자장소스에 설탕을 조금 넣어보세요. 달달한 맛이 중국집의 자장면과 같은 맛이랍니다.

재료

☐ 자장분말(2봉) ☐ 소고기(350g, 돼지고기 대체가능) ☐ 감자(3개) ☐ 당근(1개) ☐ 호박(1/2개) ☐ 양파(2개) ☐ 식용유(적당량)
☐ 소금(1/2작은술) ☐ 설탕(2큰술) ☐ 생소면(2~3인분) ☐ 고명(채 썬 오이, 삶은 달걀)

 ### 이렇게 만들어요!

1 소고기, 감자, 양파, 당근, 호박은 작게 깍뚝썰어 주세요.

2 달궈진 팬에 기름을 두르고 소고기를 넣고 볶다가 소금으로 밑간해요.

3 소고기가 익을 때쯤 감자, 당근을 넣어주세요.

4 호박과 양파도 넣어 볶아주세요.

5 재료들이 잠길 만큼 물을 붓고 끓여주세요. 이때 채소가 너무 무르지 않도록 주의해요.

6 끓기 시작하면서 생기는 거품은 거둬내 주세요.

7 자장 재료가 익는 동안 분말 자장에 물을 부어 덩어리 없이 잘 섞어 주세요.

8 채소들이 익으면 불을 낮추고 자장소스를 넣어 뭉치지 않게 잘 섞어주세요.

9 걸쭉하게 끓어오르면 불에서 내려요.

10 삶아 놓은 생소면을 그릇에 담고 자장소스를 넉넉하게 얹어주세요.

11 자장 위에 채 썬 오이와 삶은 달걀을 올려주세요. 만든 자장소스는 밥 위에 얹어 자장밥으로 만들어 드셔도 좋아요.

생소면 삶기

1. 물이 팔팔 끓기 시작하면 소면을 넣어요.

2. 냄비 중심으로 거품이 모이면서 소면이 끓어오르면 물 반 컵을 넣어주세요.

3. 사그라졌던 거품이 다시 끓어오르면 불에서 내려요.

4. 잘 삶아진 소면은 차가운 물에 헹궈 전분기를 제거해요.

5. 체에 받쳐 소면의 물기를 제거합니다.

47 카레우동

아이들이 좋아하는 카레를 우동 위에 얹어 카레우동을 만들었어요. 밥이 아닌 쫄깃한 우동에 카레소스를 얹어 먹는 맛도 별미랍니다.

재료
□ 카레가루(1봉) □ 감자(1개) □ 당근(1/3개) □ 양파(1개) □ 닭가슴살(150g) □ 브로콜리(50~70g) □ 식용유(1큰술) □ 소금(조금) □ 후춧가루(조금) □ 물(800ml~1L) □ 우동면(2인분)

이렇게 만들어요!

1 감자, 당근, 양파, 닭가슴살은 작게 깍뚝썰기해요.

2 냄비에 식용유를 두르고 1에서 준비한 재료들을 넣어 볶아주세요.

3 소금, 후춧가루를 넣어 밑간해요.

4 물을 넣어 재료들을 익혀주세요.

5 물이 끓기 시작하면 물에 개어 놓은 카레를 넣어주세요.

6 굵은 대를 제거하고 깨끗이 씻은 브로콜리를 넣어주세요.

7 우동면을 끓는 물에 쫄깃하게 삶아 체에 밭쳐 물기를 제거해요.

8 삶은 우동면을 그릇에 담고 카레를 듬뿍 얹어주세요.

48 중국식 해물우동

원래 중국식 해물우동은 닭육수로 국물 맛을 내지만 간단하게 멸치육수에 해물을 가득 넣고 우동을 끓여봤어요. 청양고추의 칼칼한 맛과 해물의 시원한 맛이 잘 어우러지는 우동 국물. 국물이 끝내줘요.

재료

- ☐ 대하(10마리) ☐ 전복(4마리) ☐ 모시조개(200g) ☐ 오징어(1마리-몸통부분) ☐ 청경채(100g) ☐ 표고버섯(3개) ☐ 양파(1/2개)
- ☐ 당근(1/2개) ☐ 호박(1/2개) ☐ 대파(1대) ☐ 통마늘(4~5쪽) ☐ 청양고추(3개) ☐ 홍고추 말린 것(2개) ☐ 식용유(3큰술)
- ☐ 국간장(적당량) ☐ 후추(조금) ☐ 우동면(3인분) ☐ 멸치육수

이렇게 만들어요!

1 채소는 깨끗이 씻어 먹기 좋게 잘라 준비해요.

2 내장을 제거한 새우는 껍질째로 두고, 오징어는 몸통의 껍질을 벗겨 통으로 동그랗게 썰어주세요. 모시조개는 연한 소금물에 담가 하룻밤 정도 해감하세요. 전복은 솔로 깨끗이 씻어 내장을 제거하고 썰어주세요.

3 청양고추와 말린 홍고추는 어슷하게 썰고 마늘은 편으로 썰어 준비해요.

4 달궈진 팬에 식용유를 두르고 마늘, 대파, 말린 홍고추를 넣어 향을 내요.

5 손질한 해물을 넣어 센 불에 재빨리 볶아주세요.

6 해물이 익을 때쯤 채소를 넣고 약간의 소금과 후춧가루를 넣어 밑간해요.

7 재료들이 잠길 만큼 멸치 육수를 붓고 부르르 끓어오르면 국간장으로 입맛에 맞게 간을 맞춰요.

8 삶은 우동면에 해물과 채소 등 건더기를 얹고 뜨끈한 국물을 부어냅니다.

멸치 육수 만들기

재료
- 물(2L)
- 국멸치(60g)
- 다시마(사방5cm 5~7장)

기름을 두르지 않은 팬에 살짝 볶아 낸 멸치와 다시마를 찬물에 넣고 팔팔 끓여주세요. 진한 국물이 우러나면 멸치와 다시마는 건져내고 소금이나 국간장으로 간을 맞춰 사용합니다.

49 볶음우동

해물과 야채에 간단하게 굴소스만 넣고 재빨리 볶아낸 볶음우동이에요. 아삭아삭 씹히는 야채와 입안에 착착 감기는 우동이 국물우동과는 또 다른 맛이에요.

재료
- ☐ 우동면(3개) ☐ 오징어(1마리) ☐ 바지락조개(200g 한 봉지) ☐ 양배추(보통크기 1/4개) ☐ 양파(1/2개) ☐ 피망(1개)
- ☐ 식용유(조금) ☐ 통마늘(3개) ☐ 소금(조금) ☐ 후춧가루(조금) ☐ 가다랭이포(조금) ☐ 양념 : 굴소스(3큰술), 간장(1큰술), 참기름(1큰술)

이렇게 만들어요!

1 야채와 해물을 깨끗이 씻어 적당한 크기로 잘라요. 피망과 오징어 몸통은 동그란 모양을 살려 썰어요.

2 우동면은 끓는 물에 잠시 담가 덩어리진 면발을 부드럽게 풀어주세요.

3 팬에 기름을 두르고 편으로 썬 마늘을 넣어 마늘향을 내요.

4 먼저 바지락조개를 넣고 볶아요. 바지락조개가 입을 벌리기 시작하면 오징어를 넣고 소금과 후춧가루로 밑간해서 볶아요.

5 양파, 양배추, 파프리카를 넣어 빠르게 볶아요. 오래 볶으면 해물은 질겨지고 야채에서는 물이 나와 맛이 없어요.

6 5에 우동면과 굴소스, 간장을 넣어요.

7 양념이 면발에 잘 섞이게 뒤적이며 볶다가 참기름을 넣어주세요.

8 완성된 볶음우동을 그릇에 담아내요. 마지막으로 가다랑어포를 볶음우동 위에 얹어내시면 더 맛있어요.

Part 3_ 간단한 일품요리로 별미 효과 내기   125

5장 어린잎 비빔국수

초고추장으로 양념한 새콤달콤한 김치와 어린잎 가득 올려 비벼먹는 비빔국수는 입맛 없을 때 제격이에요.

재료
□ 녹차면(100g) □ 어린잎채소(100g) □ 신김치(150g) □ 참기름(1큰술) □ 깨소금(1큰술) □ 초고추장(3큰술)

이렇게 만들어요!

1 어린잎채소는 흐르는 물에 씻어 체에 밭쳐 두세요.

2 끓는 물에 녹차면을 넣고 끓여요.

3 부글부글 끓어오르면 찬물을 반 컵 정도 붓고 다시 끓여요.

4 사그라졌던 거품이 다시 끓어오르면 불에서 내려요.

5 재빨리 찬물에 담가 헹궈주세요.

초고추장 만들기

재료
- 고추장(2큰술)
- 식초(3큰술)
- 물엿이나 설탕(4큰술)

1. 작은 볼에 고추장과 식초, 물엿을 넣어 잘 섞어주세요. 식초 대신 레몬즙을, 물엿이나 설탕 대신 매실액을 넣어 만드셔도 좋아요.

2. 기호에 따라 다진 마늘, 통깨, 참기름을 넣으셔도 맛있어요.

6 신김치는 잘게 썰어주세요.

7 신김치에 초고추장, 참기름, 깨소금을 넣고 잘 버무려 주세요.

8 그릇에 소면을 담고 양념한 김치를 얹어주세요.

9 이어 어린잎채소를 소복하게 얹고 통깨와 참기름을 뿌려요.

51 쫄면

학교 앞 분식점에서 떡볶이 다음으로 즐겨 먹었던 매콤 달콤 쫄깃한 쫄면. 쫄면을 먹을 때면 학창시절의 추억이 새록새록 떠올라요. 그 옛날 친구들과 함께 하고픈 메뉴랍니다.

재료
- 쫄면(160g) □ 오이(1/2개) □ 당근(1/2개) □ 양배추(100g) □ 데친 콩나물(100g) □ 삶은 달걀(2개)
- 양념장 : 고추장(2큰술), 물엿(2큰술), 다진 마늘(1/2큰술), 식초(1½큰술), 깨소금(1/2큰술), 참기름(1큰술)

이렇게 만들어요!

1 콩나물과 달걀은 삶고, 오이, 당근, 양배추는 채 썰어 준비해요.

2 고추장, 물엿, 다진 마늘, 식초, 깨소금, 참기름을 넣어 양념장을 만들어요.

3 쫄면은 삶아 재빨리 찬물에 헹궈 낸 다음 체에 밭쳐주세요.

4 삶은 쫄면을 그릇에 담고 콩나물, 오이, 당근, 양배추를 차례로 얹어요.

5 야채 위에 양념장을 얹고 마지막으로 삶은 달걀을 얹어 내세요.

52 골뱅이소면

골뱅이 소면! 하면 호프집의 안주가 가장 먼저 떠올라요. 물론 안주로도 좋지만 맛있게 양념한 골뱅이와 비벼먹는 소면은 한 끼 식사로도 충분하답니다. 새콤달콤 맵지 않게 만들어 놓으면 쫄깃한 골뱅이만 쏙쏙 골라먹을 정도로 아이들이 아주 좋아해요.

재료

- 골뱅이(400g 한 캔), 소면(100g), 오이(1/2개), 당근(1/2개), 양파(1/2개), 대파(1대)
- 양념장 : 고추장(1큰술), 고춧가루(2큰술), 물엿(3큰술), 설탕(1/2큰술), 식초(1큰술), 간장(1큰술), 소금(1/3큰술), 참기름(1/2큰술), 깨소금(1/2큰술)

이렇게 만들어요!

1. 캔골뱅이는 체에 밭쳐 물기를 제거해요.

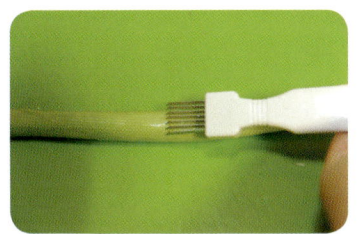

2. 대파는 깨끗이 손질한 후 채칼을 이용해서 채 썰어요.

3. 채 친 대파는 찬물에 담가 맵고 아린 맛을 제거한 후 체에 밭쳐 물기를 제거해요.

4. 양파는 결대로 채썰고 오이와 당근은 어슷하게 썰어주세요. 골뱅이는 먹기 좋은 크기로 썰어요.

5. 고추장, 고춧가루, 물엿, 설탕, 식초, 간장, 소금, 참기름, 깨소금을 넣어 양념장을 만들어요.

6. 물이 끓으면 소면을 넣어주세요.

7. 소면이 끓어오르면 찬물 반 컵을 넣어 거품을 가라앉혀요.

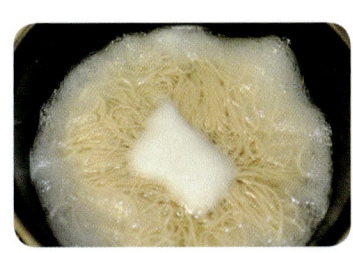

8. 다시 끓어오르면 불에서 내려요.

9. 소면을 찬물에 재빨리 헹궈요.

10 찬물에 헹군 소면은 체에 밭쳐 물기를 제거해요.

11 큰 볼에 4에서 손질한 재료와 5의 양념장을 넣어 잘 버무려주세요.

12 그릇에 채썬 대파를 넓게 펼쳐 담아주세요.

양념장에 미리 버무려 놓으면 야채에서 물이 생길 수 있으니 먹기 바로 전에 양념장에 무쳐주세요.

13 대파 위에 삶은 소면을 얹어주세요.

14 양념한 골뱅이를 그득 올리고 마지막에 깨소금을 솔솔 뿌려내요.

53 콩국수

무더운 날 얼음을 동동 띄워 차게 만들어 먹으면 더위가 싹 가시는 시원 담백한 콩국수예요. 삶은 콩을 갈아 콩국을 만드실 때에 참깨를 넣어 갈면 영양도 보충이 되고 고소한 맛이 더욱 좋아요.

 **재료**

- 콩불리기 : 대두(500g), 물(1L~1.5L) □ 콩국(삶은 콩:물=1:1.5 비율) □ 생소면(2인분) □ 소금(적당량) □ 깨소금(적당량)
- 삶은 달걀(1개) □ 채 썬 오이(조금)

이렇게 만들어요!

1 콩은 물을 부어 12시간 이상 충분히 불려요.

2 불린 콩을 손으로 비벼 껍질을 대강 벗겨요.

3 콩이 충분히 잠길 만큼 물을 부어 약 10~15분 삶아요.

4 박박 문질러 껍질과 알맹이로 분리해서 껍질은 물과 함께 따라버려요.

5 믹서에 삶은 콩과 물을 붓고 곱게 갈아 냉장실에서 차게 식혀요.

6 생소면을 삶아 체에 밭쳐 물기를 빼요.

7 차갑게 식힌 콩물을 국수에 부어요.

8 깨소금과 채 썬 오이, 삶은 달걀을 얹어요. 먹기 전에 소금으로 간을 맞춰요.

콩국물 TIP

믹서에 곱게 간 걸쭉한 콩국물이 싫으신 분들은 갈아 놓은 콩국물에 차가운 물을 더 붓고 가는 체에 걸러 할랑하게 만들어 드셔도 좋아요.

54 세 가지 맛 오니기리

오니기리(おにぎり)는 일본식 주먹밥을 말해요. 밥 속에 다양한 재료를 넣어 만드는 오니기리는 간단한 식사나 도시락으로 아주 좋아요.

재료
- 양념돼지고기(50g) □ 날치알(30g) □ 마요네즈 게맛살(30~50g) □ 김밥용 김(2~3장) □ 밥(2공기) □ 후리카케(2~3큰술)
- 참기름(1큰술)

이렇게 만들어요!

1 양념돼지고기를 볶아서 잘게 자르고 게맛살을 찢어 마요네즈에 버무려주세요. 냉동 날치알은 조리 전 해동시키고 김밥용 김은 4X10cm 크기로 잘라 준비해요.

2 큰 볼에 적당량의 밥과 후리카케, 참기름을 넣고 밥알이 으깨지지 않게 잘 섞어주세요.

3 삼각김밥 틀에 1/3가량 양념된 밥을 채워 넣고 1에서 준비한 속 재료들을 적당량 얹어주세요.

4 속 재료 위에 양념된 밥을 얹어 틀을 가득 채워주세요.

5 틀에서 분리한 밥에 잘라놓은 김을 앞뒤로 둘러 붙여요.

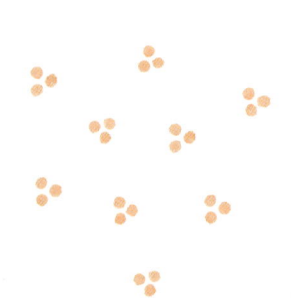

55 샌드위치 김밥

매번 동그란 김밥이 질리신다고요? 집에 있는 재료들로 간단히 샌드위치 김밥을 만들어보세요.
새콤한 신김치와 마요네즈 참치의 고소하고 담백한 맛이 의외로 잘 어울려요.

Part 3_ 간단한 일품요리로 별미 효과 내기 137

재료
- 밥(3공기) □ 리챔(1캔) □ 씻은 김치(1/2쪽) □ 캔 참치(1캔) □ 마요네즈(적당량) □ 김밥용 김(2장) □ 녹차가루(1/2큰술)
- 검은깨(1/2큰술) □ 소금(적당량) □ 참기름(조금)

이렇게 만들어요!

1 체에 밭쳐 기름과 수분을 제거한 참치에 마요네즈를 넣어 덩어리 없이 잘 버무려 준비해요.

2 잘 익은 신김치는 양념을 털고 깨끗이 씻어 물기 없이 준비해요.

3 햄을 모양대로 잘라 달궈진 팬에 올려 앞뒤 노릇하게 구워주세요.

4 밥(2공기)을 담은 볼에 검은깨와 소금, 참기름을 넣어 밥알이 뭉개지지 않게 잘 섞어요.

5 또 하나의 볼에 나머지 밥(1공기)을 담고 녹차가루와 소금, 참기름을 넣어 잘 섞어요.

6 바닥에 호일을 깔고 김밥용 김을 한 장 올려요.

7 김 위에 틀(15x15cm 무스틀 사용)을 올리고 틀 안에는 먼저 검은깨로 양념한 밥을 반만 넣어 잘 펼쳐주세요.

8 7 위에 노릇하게 잘 구워진 햄을 얹어주세요.

9 5에서 녹차로 색을 낸 밥을 햄 위에 잘 펼쳐 올려요.

10 마요네즈로 버무린 참치를 올려요.

11 씻은 김치를 잘 펴서 얹어주세요.

12 검은깨로 버무린 나머지 밥을 잘 펼쳐 얹은 다음 마지막으로 김을 얹어 마무리해요.

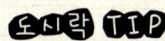

13 켜켜이 재료들을 잘 쌓은 뒤 틀을 빼내세요.

14 완성된 밥 샌드위치는 적당한 사이즈로 잘라 주세요.

도시락으로 준비하실 땐 랩으로 싸주세요. 손에 묻지도 않고 들고 먹기 편리하답니다.

56 마요네즈 참치롤 & 날치알 김밥

마땅한 밥반찬이 없을 때 간단히 별식으로 만들어 먹으면 좋아요. 입안에서 톡톡 튀는 날치알을 듬뿍 올려야 더 맛있어요.

〈마요네즈 참치롤〉

재료
☐ 밥(2공기) ☐ 캔 참치(1캔) ☐ 마요네즈(적당량) ☐ 단무지(6줄) ☐ 김밥용 김(6장) ☐ 날치알(45~50g) ☐ 소금(1/2작은술)
☐ 설탕(1/2큰술) ☐ 식초(1큰술) ☐ 참기름(1/2큰술) ☐ 깨소금(1작은술)

이렇게 만들어요!

1 참치는 체에 밭쳐 기름을 제거하고 마요네즈에 버무려 주세요.

2 따뜻한 밥에 설탕, 소금, 식초, 참기름을 넣어 잘 섞어주세요.

3 김발 위에 김을 놓고 양념한 밥을 얹어주세요. 밥 위에 단무지와 마요네즈 참치를 올려 돌돌 말아요.

4 마요네즈 참치롤을 먹기 좋은 크기로 잘라주세요.

5 잘라놓은 롤 위에 날치알을 가지런히 올려요.

6 날치알을 올린 롤 위에 마요네즈를 지그재그로 뿌려주세요.

〈날치알 김밥〉

재료

- 리챔(1캔) ☐ 캔 참치(1캔) ☐ 단무지(4줄) ☐ 신김치(1/4쪽) ☐ 김(4장) ☐ 밥(1½공기) ☐ 깨소금(1작은술) ☐ 참기름(1/2큰술)
- 소금(1/3작은술) ☐ 날치알(70~80g)

1 캔참치는 체에 밭쳐 수분과 기름을 제거해서 보슬보슬한 상태로 준비하고 리챔은 길쭉하게 썰어 준비해요.

2 신김치는 양념을 털어내고 깨끗이 씻어 물기를 제거한 후 길게 찢어 두세요.

3 따뜻한 밥에 소금, 깨소금, 참기름을 넣어 잘 섞어주세요.

4 김 위에 양념한 밥을 잘 펴서 얹고 참치, 리챔, 신김치, 단무지를 차례로 얹은 후 돌돌 말아 주세요.

5 얇게 말아진 김밥을 길게 잘라 접시에 가지런히 담아요.

6 김밥 위에 날치알을 소복이 얹어주세요.

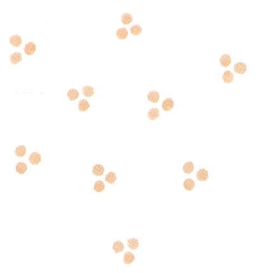

이때, 밥의 양을 줄여 보통 김밥보다 얇게 말아주세요.

Part 3_ 간단한 일품요리로 별미 효과 내기 143

캘리포니아롤

캘리포니아롤은 서양인들의 입맛에 맞게 변형된 초밥이에요. 캘리포니아에서 많이 생산되는 아보카도가 빠지지 않고 들어가기 때문에 캘리포니아롤이란 이름이 붙여졌다고 해요. 영양 가득한 아보카도로 롤을 만들어 보세요. 맛과 영양을 한 번에 챙길 수 있어요.

재료

- 밥(2공기 반)   □ 검은깨(1/2큰술)   □ 쌈채소(6장)   □ 아보카도(1/2개)   □ 캔 참치(1캔)   □ 마요네즈(적당량)   □ 크래미(5줄)
- 일식단무지(60g)   □ 날치알(45~50g)   □ 김밥용 김(3장)   □ 배합초(식초:설탕:소금=3:2:1의 비율)

이렇게 만들어요!

1 쌈 채소는 깨끗이 씻어 물기를 제거해요.

2 아보카도는 너무 두껍지 않게 길게 잘라요.

3 기름을 제거한 참치에 마요네즈를 넣고 잘 버무려 주세요.

4 크래미는 길게 2등분으로 잘라요.

5 일식 단무지는 물기를 꼭 짜 준비해요.

6 따뜻한 밥에 검은깨와 배합초를 넣어 양념해요.

7 바닥에 김을 깔고 김 전체에 양념한 밥을 잘 펼쳐 얹은 다음 랩으로 밥 전체를 덮어주세요.

8 랩을 들어 밥이 바닥으로 향하게 뒤집어 주세요.

9 김 위에 쌈 채소, 아보카도, 마요네즈 참치, 크래미, 단무지를 차례로 얹어주세요.

10 랩으로 김발을 대신해서 돌돌 말아주세요.

11 롤을 먹기 좋은 크기로 썰어 위에는 날치알을 소복하게 얹고 마요네즈를 지그재그로 뿌려주세요.

아보카도 손질하기

1. 아보카도는 씨를 중심으로 반으로 잘라주세요.

2. 칼로 씨를 탁 내리쳐 찍은 다음 씨를 좌우로 살살 비틀어 빼내세요.

3. 칼로 껍질을 벗겨내요. 충분히 잘 익은 아보카도일수록 무르고 껍질색도 짙으며 껍질도 쉽게 잘 벗겨져요.

58 참치누드김밥

아이들이 좋아하는 후리카케와 참치를 넣어 만든 참치누드김밥. 밥투정하는 아이들에게 만들어줘 보세요. 엄마 최고라는 소리를 들으실 걸요?

재료
☐ 밥(1공기) ☐ 후리카케(1큰술) ☐ 캔 참치(1캔) ☐ 마요네즈(적당량) ☐ 단무지(1~2줄) ☐ 참기름(조금) ☐ 김밥용 김(1장)

이렇게 만들어요!

1 질척거리지 않게 수분과 기름을 제거한 참치에 마요네즈를 잘 섞어주세요.

2 단무지는 잘게 다져 마요네즈 참치와 잘 섞어주세요.

3 고슬고슬 따뜻한 밥에 후리카케와 참기름을 넣어 밥알이 으깨지지 않게 살살 섞어주세요.

4 김 위에 양념된 밥을 빈 공간 없이 펼쳐 얹고 위에는 랩으로 밥 전체를 덮어주세요.

5 랩을 들어 밥이 바닥으로 향하게 뒤집어 주세요.

6 김 위에 마요네즈 참치를 소복이 올려주세요.

7 랩을 잡아당기면서 모양을 잡아가며 돌돌 말아주세요.

8 잘 말린 김밥을 먹기 좋은 크기로 잘라주세요.

Part 3_ 간단한 일품요리로 별미 효과 내기

59 오이초밥

얇게 저민 오이를 돌돌 말아 다진 단무지와 우엉을 넣고 양념한 밥을 넣어 만든 초밥이에요. 고추냉이장에 찍어 먹으면 코끝 찡하게 톡 쏘는 맛이 일품이에요. 입안 가득 오이의 상큼함도 느껴보세요.

재료

- □ 오이(2개) □ 캔 참치(1캔) □ 크래미(3~4개) □ 마요네즈(적당량) □ 날치알(120g) □ 단무지(5줄) □ 우엉조림(6~7줄)
- □ 밥(3공기) □ 배합초(식초:설탕:소금=3:2:1의 비율) □ 간장소스(고추냉이, 진간장)

이렇게 만들어요!

1 단무지와 우엉조림을 잘게 잘라 준비해요.

2 참치는 기름을 제거해서 마요네즈와 버무려 주세요.

3 크래미는 잘게 찢어 마요네즈와 잘 버무려 주세요.

4 굵은 소금으로 껍질을 깨끗이 씻은 오이는 필러를 이용해서 슬라이스해요.

5 오이를 적당한 사이즈로 돌돌 말아 그릇에 담아주세요.

6 따뜻한 밥에 배합초와 잘게 자른 단무지, 우엉을 넣고 잘 섞어주세요.

7 한입 크기로 동그랗게 뭉쳐 오이 안에 80~90%만 밥을 채워주세요.

8 밥 위에 미리 준비한 크래미, 참치, 날치알을 소복이 얹어주세요. 고추냉이장과 함께 상에 냅니다.

 # 참치유부초밥

참치와 신김치로 양념한 밥을 시판유부 안에 넣어 만든 참치유부초밥이에요. 참치와 김치만 있으면 쉽고 빠르게 조리가 가능해서 가끔 만드는 메뉴예요. 따뜻한 국물과 함께하면 간단한 한 끼 식사로 좋아요.

 재료

- 밥(2공기)
- 캔 참치(1캔)
- 신김치(100g)
- 참기름(조금)
- 검은깨(적당량)
- 시판용 유부

이렇게 만들어요!

1 신김치는 양념을 털어내고 깨끗이 씻어 물기를 제거한 다음 잘게 썰어주세요.

2 시판 초밥용 유부는 꼭 짜서 준비해요.

3 캔 참치는 체에 받쳐 기름을 제거해요.

4 고슬고슬 잘 지어진 밥에 참치, 신김치, 참기름을 넣고 밥알이 으깨지지 않게 재료들을 잘 섞어주세요. 참치밥을 잘 뭉쳐서 유부가 터지지 않게 가득 채워 넣고 검은깨를 얹어 장식합니다.

치즈김치 볶음밥

매번 배추김치로만 만들었던 김치볶음밥을 색다르게 알타리김치를 쫑쫑 썰어 볶아봤어요. 오독오독 씹히는 무의 식감이 배추김치와는 또 다른 매력이 있네요. 달걀 대신 치즈를 얹어 평범한 김치볶음밥을 색다르게 변신시켜 보세요.

재료

- 밥(한 공기 반)
- 알타리김치(250g)
- 식용유(조금)
- 모차렐라 치즈(150g)
- 파슬리가루(적당량)

이렇게 만들어요!

1 줄기까지 잘게 썬 알타리김치를 식용유를 넣어 달달 볶아주세요. 김치 상태에 따라 고춧가루를 더 추가하셔도 좋아요.

2 볶아진 김치에 밥을 넣어 잘 볶아주세요.

3 맛있게 볶아진 김치볶음밥을 오븐용 그릇에 나누어 담고 모차렐라 치즈를 듬뿍 얹어 180~200도로 예열된 오븐에 치즈가 녹을 때까지만 구워주세요. 상에 내기 전에 파슬리가루를 뿌려 장식합니다.

오므라이스

냉장고 자투리 야채와 천덕꾸러기 찬밥의 화려한 변신. 야채가 달걀 속으로 쏘옥 들어가 야채를 싫어하는 아이들이라도 이 오므라이스의 유혹은 뿌리치지 못해요.

재료

☐ 밥(한 공기) ☐ 파프리카(2/3개) ☐ 호박(1/3개) ☐ 양파(1/3개) ☐ 달걀(1개) ☐ 식용유(조금) ☐ 토마토케첩(적당량) ☐ 소금(조금)
☐ 후춧가루(조금) ☐ 파슬리가루(조금)

이렇게 만들어요!

1 파프리카, 호박, 양파는 잘게 썰어주세요.

2 달궈진 팬에 기름을 조금 두르고 잘게 썬 야채를 넣어 볶다가 소금과 후추로 살짝 밑간해요.

3 볶아진 야채에 밥을 넣어 고슬고슬 잘 볶아주세요.

4 살짝 기름칠을 한 팬에 멍울 푼 달걀을 부어 동그랗게 지단을 부쳐요.

5 틀이 될 둥근 볼(밥공기)에 달걀지단을 조심스럽게 넣어주세요.

6 달걀이 들어 있는 볼 안에 볶은 밥을 가득 채워주세요.

7 달걀지단 가장자리가 찢어지지 않게 조심해서 오므려주세요.

8 밥공기 위에 접시를 덮고 접시 쪽으로 밥이 놓이게 뒤집어주면 모양도 흐트러지지 않고 예쁘게 잘 담겨요. 마지막으로 케첩과 파슬리를 뿌리면 완성입니다.

63 잡채밥

잔칫상에 빠지지 않는 잡채를 매콤한 고추기름으로 볶아보세요. 중국집에서 먹는 잡채와 비슷한 맛을 느끼실 거예요. 즉석에서 볶아낸 잡채는 밥과 함께 준비하면 든든한 한 끼 식사가 되지요.

재료

- ☐ 삶은당면(600g) ☐ 표고버섯(100g) ☐ 돼지고기(200g) ☐ 파프리카(빨강, 노랑 1/2개씩) ☐ 피망(1/2개) ☐ 양파(1개)
- ☐ 당근(100g) ☐ 대파(50g) ☐ 밥(한 공기) ☐ 돼지고기밑간 : 간장(1½큰술), 설탕(1/2큰술), 후춧가루(조금)
- ☐ 잡채양념 : 중국간장(1큰술), 진간장(2큰술), 굴 소스(2큰술), 소금(1/2큰술), 설탕(1큰술), 후춧가루(조금), 고추기름(3큰술)

이렇게 만들어요!

1 돼지고기에 간장, 설탕, 후춧가루를 넣어 밑간해요.

2 잡채에 들어갈 재료들을 길쭉하게 썰어 준비해요.

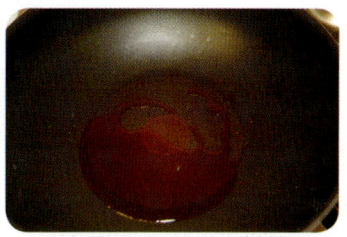

3 달궈진 팬에 고추기름을 넣어요.

4 양념된 돼지고기를 넣고 볶아주세요.

5 단단한 야채부터 차례로 넣고 볶아요.

6 볶아진 야채에 삶은 당면과 잡채양념을 넣어 볶아주세요.

7 마지막으로 대파를 넣고 잘 섞어주세요.

8 그릇에 밥과 잡채를 함께 담아 내시면 됩니다.

알밥

오독오독, 톡톡! 맛도 있지만 씹는 재미가 있는 알밥이에요. 날치알 가득~ 근사한 일식당의 알밥 부럽지 않아요.

재료
☐ 밥(2공기)   ☐ 일식단무지(100g)   ☐ 무장아찌(100g)   ☐ 알타리김치(150g)   ☐ 날치알(50g)   ☐ 참기름(조금)

이렇게 만들어요!

1 단무지, 무장아찌, 씻은 알타리 김치는 모두 잘게 잘라서 준비해 주세요.

2 뚝배기 전체에 참기름을 고루 발라주세요.

3 밥을 담아주세요.

단무지는 김밥용 단무지가 아니라 일식단무지를 넣어 만드는 게 오독오독 더 맛있어요.

4 잘게 자른 단무지, 무장아찌, 씻은 알타리김치를 보기 좋게 밥 위에 얹어주세요. 뚝배기를 가스레인지의 약불에 올리고 따닥따닥 소리가 나기 시작하면 잠시 후에 불을 끄고 레인지에서 내려요.

5 뜨거운 상태의 뚝배기에 날치알을 소복이 올려 상에 냅니다.

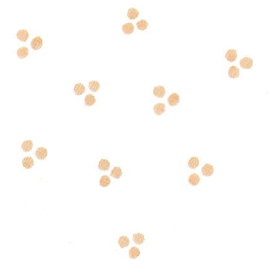

65 광어회덮밥

참치회로 덮밥 많이 해 드시죠? 광어회로도 덮밥을 만들어보세요. 쫀득쫀득한 광어회와 어린잎채소를 가득 넣어 초고추장에 쓱쓱 비벼먹는 맛은 멀리 달아났던 입맛도 돌아오게 해요.

재료
☐ 광어회(200g) ☐ 어린잎채소(50g) ☐ 밥(한 공기) ☐ 참기름(조금) ☐ 깨소금(조금) ☐ 초고추장(적당량)

이렇게 만들어요!

1 어린잎채소는 씻어 체에 밭쳐 물기를 제거하고 광어회는 먹기 좋게 작은 크기로 잘라주세요.

2 그릇에 밥을 담아요.

3 어린잎채소를 밥 위에 소복하게 올려요.

4 어린잎채소 위에 잘라놓은 광어회를 얹어주세요.

5 광어회 위에 초고추장과 깨소금, 마지막으로 참기름을 뿌려 상에 내시면 됩니다.

초고추장 만들기

재료
☐ 고추장(2큰술)
☐ 식초(3큰술)
☐ 물엿이나 설탕(4큰술)

1. 작은 볼에 고추장과 식초, 물엿을 넣어 잘 섞어주세요. 식초 대신 레몬즙을, 물엿이나 설탕 대신 매실액을 넣어 만드셔도 좋아요.

2. 기호에 따라 다진 마늘, 통깨, 참기름을 넣으셔도 맛있어요.

Part 3_ 간단한 일품요리로 별미 효과 내기

04

제대로 솜씨 부려
투정하는 남편
잠재우기

66	불고기 버거		86	카레치킨
67	라이스 버거		87	닭강정
68	햄버거 스테이크		88	닭꼬치
69	찹스테이크		89	데리야키 치킨구이
70	소고기 찹쌀말이		90	마늘닭간장조림
71	떡갈비		91	칠리새우
72	소고기 굴소스 볶음		92	아몬드 크림새우
73	콤비네이션 화이타		93	피시 커틀릿
74	바비큐 폭 립		94	새우튀김
75	돼지등갈비구이		95	참치스프링롤
76	돼지고기 탕수육		96	토마토 홍합찜
77	꿔바로우		97	바지락 와인찜
78	돼지고기 강정		98	전복초
79	양장피		99	해물칠리떡볶이
80	유산슬		100	새우강정
81	닭말이치즈튀김		101	가리비구이
82	치킨 나초		102	주꾸미전
83	치킨 퀘사디아		103	꼬막무침
84	유린기		104	묵은지 고등어조림
85	파닭		105	고등어 데리야키조림

66 불고기 버거

불고기 양념을 한 고기로 패티를 만들어 넣은 리얼 불고기 버거예요. 일반 패티에 불고기 소스를 뿌려 만든 불고기 버거와는 차원이 다르다고 할 수 있겠죠?

재료
- 햄버거빵(2개) □ 양상추(4장) □ 양파(1/2개) □ 슬라이스 치즈(2장) □ 마요네즈(적당량) □ 스위트 머스터드소스(적당량)
- 불고기 패티(2장)

이렇게 만들어요!

1 양상추는 깨끗이 씻어 물기를 제거해요.

2 양파는 동그랗게 링으로 썰어 찬물에 담가 두세요.

3 햄버거빵을 반으로 갈라 양쪽 면에 스위트 머스터드소스를 발라주세요.

4 빵 위에 양상추와 양파를 올려 주세요.

5 슬라이스 치즈를 얹어 주세요.

6 치즈 위에 불고기 패티를 한 장 올려요.

7 패티 위에 마요네즈를 바르고 양상추를 한 장 더 올려요.

8 다른 한쪽 빵으로 덮어주세요.

불고기 패티 만들기

재료 □ 소고기(다짐육 720g) □ 양파(1개) □ 대파(1대) □ 다진 마늘(1½큰술) □ 진간장(7큰술) □ 설탕(3큰술) □ 요리엿이나 꿀(1큰술) □ 후춧가루(1/2작은술) □ 참기름(1/2큰술)

1. 진간장, 설탕, 요리엿, 후춧가루, 참기름을 넣고 양념장을 만들어요.

2. 다진 소고기와 다진 양파, 대파, 마늘을 볼에 넣어주세요.

3. 고기에 만들어놓은 양념장을 넣고 고루 배어들도록 잘 치대주세요. 양념된 고기는 밀폐용기에 넣어 냉장실에서 잠시 재워두세요.

4. 동글납작하게 빚어 기름을 두른 팬에 앞, 뒤 노릇하게 구워냅니다.

67 라이스 버거

빵 대신 밥을 동그랗게 빚어 만든 라이스 버거는 간단하지만 든든한 한 끼 식사로, 나들이 도시락 메뉴로도 그만이지요.

재료

- 밥(3공기) □ 소금(1/2작은술) □ 설탕(1/2큰술) □ 식초(1/2큰술) □ 파슬리가루(조금) □ 씻은 신김치(적당량) □ 식용유
- 파무침 : 대파(1뿌리), 소금(1/2작은술), 설탕(1작은술), 고춧가루(1작은술), 후춧가루(조금), 식초(1/2큰술), 참기름(1/2큰술)
- 불고기 패티(2장)

이렇게 만들어요!

1 대파를 깨끗이 손질해서 채 썰고 양념을 넣어 살짝 버무려주세요.

2 뜨거운 밥에 소금, 설탕, 식초를 넣어 양념해요.

3 동그란 무스틀에 양념한 밥을 1/3가량 채운 다음 틀에서 분리해요.

4 그릴이나 프라이팬에 식용유를 두르고 앞, 뒤 노릇하게 구워주세요. 이렇게 모두 4장을 만들어요.

5 구운 밥을 다시 틀에 넣고 잘게 썬 신김치를 얹어주세요.

6 신김치 위에 불고기 패티를 구워 얹어요.

7 패티 위에 파무침을 얹어주세요.

8 마지막으로 구워놓은 밥을 또 한 장 얹고 틀을 빼냅니다. 파슬리가루를 뿌려 냅니다.

68 햄버거 스테이크

가족기념일에 햄버거 스테이크로 집에서 외식 분위기를 내보세요.

재료

- 소고기 다짐육(800g) □ 간장(8큰술) □ 물엿(4큰술) □ 설탕(2큰술) □ 다진 마늘(2큰술) □ 참기름(1큰술) □ 후춧가루(조금)
- 식용유 □ 가니시 : 미니당근(5~6개), 브로콜리(30g), 소금(조금)
- 소스 : A1소스(5큰술), 토마토케첩(4큰술), 우스터소스(1½큰술), 꿀(6큰술)

이렇게 만들어요!

1 간장, 물엿, 설탕, 다진 마늘, 참기름, 후춧가루를 잘 섞어 양념장을 만들어요.

2 양념장을 다짐육에 넣어 잘 치대어 섞어주세요.

3 양념된 고기를 밀폐용기에 넣고 냉장고에 잠시 재워두세요.

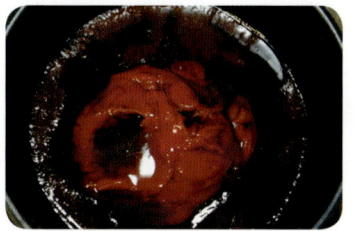

4 A1소스, 토마토케첩, 우스터소스, 꿀을 소스팬에 넣고 잘 섞어주세요.

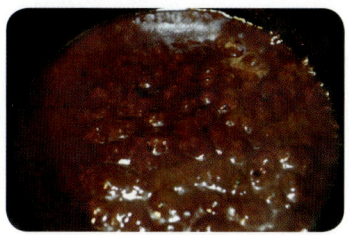

5 약한 불에서 소스가 걸쭉해질 때까지 끓여주세요.

6 달궈진 팬에 기름을 두르고 동그랗게 빚은 고기반죽의 앞뒤를 노릇하게 구워주세요.

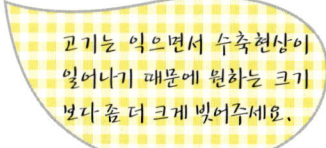

고기는 익으면서 수축현상이 일어나기 때문에 원하는 크기보다 좀 더 크게 빚어주세요.

7 잘 구워진 햄버거 스테이크에 소스를 얹고 소금물에 살짝 데친 브로콜리와 미니당근, 밥을 접시에 담아냅니다.

찹스테이크

부드러운 소고기 안심을 한입 크기로 잘라 토마토소스에 버무려 낸 찹스테이크예요. 자를 필요 없어 아이들 먹기 좋고요, 찹스테이크와 함께 빵이나 토르티야를 곁들여 토마토소스에 찍어 드시면 훌륭한 한 끼 식사가 된답니다.

재료

☐ 소고기안심(500g) ☐ 양송이버섯(10개) ☐ 양파(1개) ☐ 파프리카(빨강, 노랑 각 1개씩) ☐ 피망(1개) ☐ 토마토(1개)
☐ 토마토페이스트(150g) ☐ 토마토케첩(4큰술) ☐ 올리브유 ☐ 소금(1/2작은술) ☐ 후춧가루(조금) ☐ 설탕(1/2큰술) ☐ 파슬리가루

이렇게 만들어요!

1 고기와 양파, 파프리카, 피망은 사방 3cm 크기로 썰어 주세요. 양송이버섯은 반으로 자르고 토마토도 잘게 잘라 준비해요.

2 달궈진 팬에 올리브유를 두른 후 소고기를 넣고 볶아주세요. 소금과 후춧가루로 살짝 밑간해요.

3 고기가 익기 시작하면 준비한 재료들을 넣고 빠른 속도로 볶아주세요.

4 잘라 놓은 토마토를 넣고 잘 섞어주세요.

5 토마토케첩과 토마토페이스트를 넣어 잘 섞은 다음 입맛에 따라 설탕도 조금 넣어주세요.

6 고기는 질겨지고 야채는 물러질 수 있으니 오래 볶지 마세요.

7 완성된 찹스테이크를 그릇에 담고 파슬리가루를 뿌려주세요.

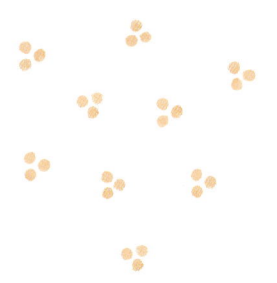

소고기 찹쌀말이

입안에 꽉 차는 소고기의 부드럽고 쫀득한 맛과 아작아작 씹히는 대파가 잘 어우러지는 메뉴예요.

재료
- 얇게 썬 소고기(부채살이나 등심 300g) □ 간장(5큰술) □ 물엿(3큰술) □ 다진 마늘(1큰술) □ 맛술(1큰술) □ 후춧가루(조금)
- 찹쌀가루(100g) □ 대파(1대) □ 식용유(적당량) □ 레몬간장소스 : 간장(3큰술), 레몬즙(2큰술), 꿀(1큰술), 청양고추(1개)

이렇게 만들어요!

1 간장, 물엿, 다진 마늘, 맛술, 후춧가루를 넣고 양념장을 만드세요.

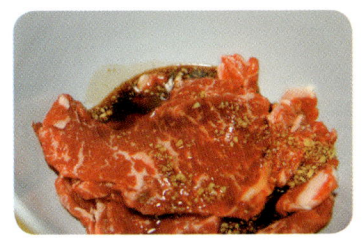

2 양념장에 소고기를 재워주세요.

3 밀폐용기에 담아 냉장고에 잠시 보관합니다.

4 대파를 길고 얇게 잘라 주세요.

5 양념된 소고기 앞뒷면에 찹쌀가루를 꼼꼼히 묻혀 주세요.

6 식용유를 두른 팬에 올려 타지 않게 구워주세요.

7 소고기 위에 대파를 얹어 돌돌 말아 주세요.

8 말아 놓은 소고기는 먹기 좋은 크기로 잘라 접시에 담아주세요. 레몬간장소스와 함께 냅니다.

레몬간장소스 만들기

재료
- 간장(3큰술)
- 레몬즙(2큰술)
- 꿀(1큰술)
- 청양고추(1개)

작은 볼에 간장, 레몬즙, 꿀을 넣고 청양고추를 잘게 썰어 섞어주세요.

떡갈비

갈빗살을 발라 다지는 게 번거롭게 느껴질 수도 있지만 직접 손질해서 떡갈비를 만들어보세요. 연하고 부드러운 맛이 기계로 다져 만드는 떡갈비랑은 확실히 다르다는 걸 느끼실 거예요. 그릴에 올려 구워 놓으니 기름이 아래로 모두 빠져 담백한 맛은 기본이고 달콤한 양념장이 쫄깃한 갈빗살에 잘 배어들어 맛있어요. 소문난 떡갈비 집 부럽지 않아요.

재료
- 한우찜갈비(800g) □ 잣가루(조금)
- 양념 : 다진 마늘(1큰술), 간장(4큰술), 설탕(2큰술), 물엿(2½큰술), 후춧가루(조금), 참기름(조금)

이렇게 만들어요!

1 찜갈비를 찬물에 1~2시간 담가 핏물을 제거해요.

2 갈비에 붙은 덩어리 지방과 뼈를 제거하고 살만 발라내 주세요.

3 갈빗살만 추려낸 고기를 칼로 아주 잘게 다져주세요.

4 칼로 곱게 다져줄수록 나중에 더 맛있는 떡갈비를 만들 수 있어요.

5 분량의 재료로 양념장을 만들어 주세요.

6 곱게 다진 고기에 양념장을 넣어 양념이 잘 스며들도록 고기를 잘 치댄 다음 밀폐용기에 넣어 잠시 냉장보관해요.

7 고기를 뭉쳐서 떡갈비 모양을 만들어 기름을 두른 팬에서 살짝 익혀주세요.

8 팬에서 겉부분만 살짝 익힌 떡갈비를 그릴이나 오븐에 넣어 속까지 완전히 익혀주세요. 구워지는 동안 그릇에 남은 양념을 덧발라 주면 더 맛있는 떡갈비가 만들어져요.

9 잘 구워진 떡갈비를 그릇에 담고 잣가루를 뿌려내요.

72 소고기 굴소스 볶음

부드러운 소고기 안심의 맛을 제대로 느낄 수 있는 메뉴로 고명으로 튀겨놓은 연근과 함께 드셔보세요. 색다른 소고기의 맛에 금세 반하게 되실 거예요.

재료

- 소고기안심(300g) ☐ 양파(작은 것 1개) ☐ 청경채(2포기) ☐ 캔 완두콩(2큰술) ☐ 대파(하얀 대 부분 10cm) ☐ 맛술(1큰술)
- 소금(조금) ☐ 후춧가루(조금) ☐ 달걀(1개) ☐ 녹말가루(2큰술) ☐ 생강(작은 것 1쪽) ☐ 식용유(적당량)
- 녹말물(녹말 1큰술:물 2큰술) ☐ 참기름(1큰술) ☐ 연근(5~6cm)
- 소스 : 물(2큰술), 맛술(2½큰술), 간장(1½큰술), 굴소스(1½큰술), 설탕(2½큰술)

이렇게 만들어요!

1 캔 완두콩은 물기를 제거하고 야채들은 깨끗이 씻어서 손질해요.

2 소고기 안심은 먹기 좋은 크기로 깍둑썰기해서 소금, 후추, 맛술을 넣어 밑간을 한 뒤 달걀을 넣고 조물조물 버무려주세요.

3 녹말가루를 넣어 잘 섞어주세요.

4 멀티팬에 기름을 넉넉하게 부어 달궈진 팬에 3의 양념한 고기를 넣어 튀기듯 익혀요. 젓가락으로 서로 달라붙지 않게 주의하면서 튀겨주세요.

5 튀긴 안심은 키친타월에 올려 기름을 제거해요.

6 소스팬에 분량의 물, 맛술, 간장, 굴소스, 설탕을 넣어 끓여요. 녹말 물을 넣어 걸쭉하게 농도를 맞춰 준비해요.

7 달궈진 멀티팬에 기름을 두르고 얇게 저며 채 썬 생강과 대파를 볶아 기름에 향을 내요.

8 튀겨놓은 안심과 양파를 넣어 볶아주세요.

9 6의 소스를 부어 주세요.

10 청경채와 완두콩을 넣어서 볶아요.

11 녹말물을 끼얹어 걸쭉하게 볶고 마지막으로 참기름을 넣어주세요.

12 연근을 얇게 썰어 기름에 바삭하게 튀겨요.

13 볶아놓은 소고기 위에 튀긴 연근을 고명으로 얹어 주세요.

73 콤비네이션 화이타

구운 닭고기와 소고기를 볶은 채소와 함께 토르티야에 싸먹는 정통 멕시코 요리랍니다. 촉촉하게 구워진 토르티야에 돌돌 싸먹는 재미가 있어 채소를 잘 먹지 않는 아이들에게도 인기 있는 메뉴예요. 패밀리 레스토랑에서만 맛볼 수 있었던 화이타 요리, 이젠 집에서 직접 만들어 보세요.

 **재료**
- 소고기등심(250g) ☐ 닭안심(250g) ☐ 양파(1개) ☐ 피망(1개) ☐ 파프리카(노랑, 빨강 각 1개씩) ☐ 올리브유 ☐ 소금(조금)
- 후춧가루(조금) ☐ 토르티야(8~10장)

이렇게 만들어요!

1 닭안심 안쪽에 있는 힘줄을 제거하고 소금과 후춧가루를 뿌려 우유에 재워주세요.

2 소고기는 소금과 후추로 밑간을 하고 적포도주를 부어 잠시 재워주세요.

3 토르티야는 기름을 두르지 않은 프라이팬에 올려 살짝 데워 준비해요.

4 양파, 피망, 파프리카는 깨끗이 씻어 길게 잘라주세요.

5 달궈진 팬에 올리브유를 두르고 양파와 피망, 파프리카를 볶아주세요. 소금과 후춧가루로 간을 맞추세요.

6 재워놓았던 소고기와 닭고기도 구워 길게 잘라주세요.

7 오븐에서 미리 달궈놓은 철판 위에 5에서 볶은 야채들을 담아요.

8 6에서 구워놓은 소고기와 닭고기도 야채 위에 얹어주세요. 데워놓은 토르티야, 샐러드와 함께 냅니다.

9 촉촉하게 구워진 토르티야 위에 야채와 닭고기, 소고기, 곁들여진 샐러드를 넣고 돌돌 말아 드시면 됩니다.

곁들이는 샐러드 만들기

재료
☐ 양상추(1/2개) ☐ 아보카도(1/2개) ☐ 사워크림(적당량) ☐ 토마토(1개)
☐ 올리브유(1큰술) ☐ 레몬주스(1큰술) ☐ 소금(조금) ☐ 후춧가루(조금)

1. 양상추는 깨끗이 씻어 물기를 제거한 후 채썰어 주세요.

2. 씨와 껍질을 제거한 아보카도는 덩어리 없이 잘 으깬 후 사워크림과 함께 채 친 양상추 위에 듬뿍 올려요.

3. 토마토는 작은 사이즈로 깍뚝썰기해요.

4. 소금과 후춧가루로 밑간을 하고 올리브유와 레몬주스를 넣고 잘 섞어주세요.

74 바비큐 폭 립

패밀리 레스토랑의 메인 메뉴 중 스테이크와 함께 꾸준한 사랑을 받고 있는 메뉴가 립 요리이죠. 향신료를 넣고 푹 삶아 잡냄새 없이 육질이 부드러워진 돼지 등갈비에 꿀을 넣어 만든 달콤한 바비큐 소스를 덧발라서 오븐에 구워낸 립 요리는 남녀노소 누구에게나 사랑받는 메뉴랍니다. 달콤한 바비큐 소스 덕에 손가락을 쪽쪽 빨면서도 자꾸자꾸 손이 가게 하는 맛이 일품이에요.

재료
- 돼지등갈비(2대) □ 양파(1/2개) □ 대파(1/2개) □ 월계수 잎(5장) □ 통후추(조금) □ 파슬리가루(조금) □ 바비큐소스(6큰술)
- 토마토케첩(3큰술) □ 스테이크소스(1큰술) □ 꿀(2큰술)

이렇게 만들어요!

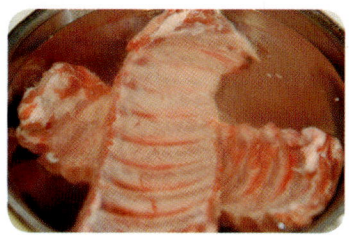

1 돼지등갈비는 하루저녁 찬물에 담가 핏물을 빼요.

2 등갈비 안쪽으로 있는 얇은 막을 제거하고 사선으로 칼집을 넣어주세요.

> 막을 제거해야 양념이 잘 스며들고 식감도 좋아요.

3 찬물에 대파, 양파, 월계수 잎, 통후추를 넣고 손질한 등갈비를 넣어 40분에서 1시간가량 푹 삶아요.

4 등갈비가 삶아지는 동안 바비큐소스, 토마토케첩, 스테이크소스, 꿀을 잘 섞어 소스를 만들어요.

5 삶아낸 등갈비는 물기를 제거하고 팬에 올려 4에서 만든 소스를 등갈비 앞뒷면에 꼼꼼히 발라요.

6 200도로 예열된 오븐에서 15~20분간 구워주세요.

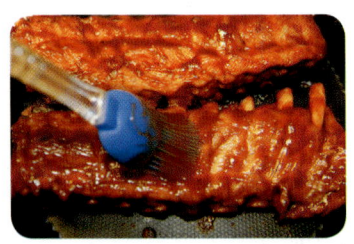

7 구워지는 중간 중간 꺼내서 남은 양념을 두세 차례 덧발라 주세요.

8 완성된 등갈비에 파슬리가루를 뿌려주세요.

9 사워크림과 여분의 바비큐 소스도 그릇에 담아 함께 내요. 사이드 메뉴로 치즈통감자구이도 곁들이면 근사한 한 끼 식사로 충분해요.

치즈통감자구이 만들기

재료
☐ 감자(중간크기 2개) ☐ 체다 치즈(2장) ☐ 슬라이스 치즈(1장) ☐ 베이컨(1줄)

1. 깨끗하게 씻은 감자를 껍질째 준비해서 가운데 칼집을 길게 내줘요. 호일로 잘 감싸 220도로 예열된 오븐에서 약 30분간 구워요.

2. 칼집을 넣은 감자 사이에 다져 놓은 체다 치즈를 채워 넣고 위엔 슬라이스 치즈를 덮어 오븐에서 잠시 치즈를 녹여요.

3. 잘게 다진 베이컨을 바삭하게 볶아 키친타월에서 기름을 제거하고 치즈통감자 위에 가지런히 올려요.

돼지등갈비구이

아이들 밥반찬으로 간장양념을 덧발라 구워낸 돼지 등갈비구이예요. 간장양념에는 숨겨진 팁이 하나 있는데요, 바로 생강차랍니다. 가끔은 향신료가 필요한 양념에 설탕 대신 생강차나 유자차, 매실액을 넣어 보세요. 맛과 향이 색다른 근사한 요리가 만들어진답니다.

재료
- 돼지등갈비(2대) ☐ 간장(8큰술) ☐ 물엿(3큰술) ☐ 생강차(1큰술) ☐ 맛술(1큰술) ☐ 다진 마늘(1큰술) ☐ 후춧가루(조금)
- 파슬리가루(조금)

이렇게 만들어요!

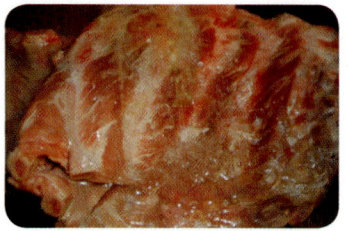

1 돼지등갈비는 하루저녁 찬물에 담가 핏물을 빼요.

2 찬물에 대파, 양파, 월계수 잎, 통후추를 넣고 40분에서 1시간가량 푹 삶아요.

3 간장, 다진 마늘, 물엿, 생강차, 맛술, 후춧가루를 넣고 소스를 만들어요.

> 이때 고기의 잡냄새를 제거하기 위해 된장, 커피가루, 허브 등을 넣어 삶아내셔도 좋아요.

4 삶은 등갈비에 소스를 발라 기름을 두른 팬에서 애벌구이 해요.

5 등갈비 앞뒷면에 양념을 계속 덧발라주면서 졸여요.

6 애벌구이한 등갈비를 구이팬으로 옮기고 팬에 졸여진 양념을 덧발라서 160~170도로 예열된 오븐에서 10분 정도 구워주세요.

7 맛있게 구워진 등갈비에 파슬리가루를 뿌려 장식하고 먹기 좋게 잘라 상에 내요.

> 고기는 이미 다 익은 상태이고 양념이 달콤하기 때문에 너무 높은 온도에서 구이를 할 경우 양념이 쉽게 탈 수 있으니 주의하세요.

76 돼지고기 탕수육

탕수육 소스는 케첩이나 간장을 넣어 많이 만들어 드시죠? 맑고 투명한 탕수육 소스는 어떠세요. 투명한 탕수육 소스는 채소의 알록달록한 색을 고스란히 잘 살려주기 때문에 탕수육을 더욱 먹음 직스럽게 한답니다. 화려한 색감으로 손님상에 내시면 더욱 빛을 발하는 메뉴예요.

재료
☐ 돼지고기(등심250g) ☐ 녹말가루(100g) ☐ 튀김옷 : 녹말가루(100g), 물(150ml) 달걀흰자(1개분) ☐ 식용유(적당량)

이렇게 만들어요!

1 돼지고기 등심을 길쭉하게 잘라요.

2 돼지고기에 녹말가루를 고루 묻혀요.

3 녹말가루(100g)에 물(150ml)을 섞어 녹말물을 만들어 잠시 놔두면 물과 녹말이 위아래로 분리가 돼요. 이때 윗물을 따라버리시고 밑에 가라앉은 녹말에 달걀 흰자를 넣고 잘 섞어 튀김옷을 만들어요.

4 3의 녹말 반죽에 돼지고기를 넣어 튀김옷을 입혀요.

5 튀김하기 적정한 온도인 170~180도의 기름에 넣고 튀겨주세요.

6 돼지고기를 기름망에 올려 기름을 빼주세요.

7 먹기 직전에 노릇하게 다시 튀기면 남아 있던 수분이 날아가 더 바삭하고 맛있는 튀김이 됩니다.

8 맛있게 튀겨진 돼지고기를 그릇에 담고 탕수육 소스를 곁들여 내세요.

맑은 탕수육소스 만들기

재료
- 물(350ml) □ 설탕(7큰술)
- 소금(1/2큰술) □ 식초(4큰술) □ 물 녹말(녹말가루2큰술+물2큰술) □ 파프리카(빨강, 노랑 각 1/2개) □ 피망(1/2개) □ 양파(1/3개) □ 목이버섯(5~7장)

1. 물에 불린 목이버섯, 파프리카, 피망, 양파는 적당한 크기로 잘라주세요.

2. 냄비에 분량의 물을 붓고 설탕, 소금, 식초 넣고 끓이다가 불을 약하게 낮추고 녹말물을 조금씩 넣어주세요.

3. 1에서 손질한 재료들을 넣어 살짝 끓여주세요.

> 불이 세면 녹말이 뭉쳐 덩어리지게 되니 약한 불에서 조리하세요.

복분자 탕수육소스 만들기

 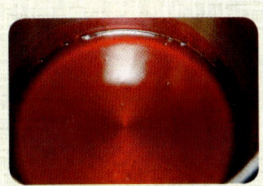 

재료
- 물(350ml) □ 복분자 원액(100ml)
- 설탕(6큰술) □ 소금(1/2큰술) □ 식초(4큰술) □ 레몬즙(1큰술) □ 녹말물(녹말가루2큰술+물2큰술) □ 목이버섯(5~7장) □ 양파(1/3개) □ 파프리카(빨강, 노랑 각 1/2개) □ 피망(1/2개)

1. 냄비에 분량의 물과 복분자 원액을 붓고 설탕, 소금, 식초, 레몬즙을 넣고 끓여주세요. 끓기 시작하면 불을 낮추고 녹말물을 조금씩 넣으면서 녹말이 뭉치지 않게 잘 저어주세요.

2. 따뜻한 물에 불린 목이버섯, 양파, 파프리카를 복분자 소스에 넣어 약한 불에서 잠시만 끓여주세요.

꿔바로우

일반 탕수육과 달리 찹쌀가루로 튀김옷을 만들어 튀겨내는 북경식 탕수육 꿔바로우예요. 고소하고 담백한 돼지고기 등심의 쫀득하게 씹히는 느낌이 흡사 찹쌀떡과 같은 느낌이에요. 레몬향 솔솔, 새콤달콤한 탕수육 소스를 듬뿍 얹어 드시면 아마 꿔바로우의 매력에 푹 빠지실 거예요.

재료
☐ 돼지고기(등심350g)   ☐ 찹쌀가루(100g)   ☐ 찹쌀튀김옷(찹쌀가루200g+물100ml+소금1/3작은술)   ☐ 식용유(적당량)

이렇게 만들어요!

1 두툼한 돼지고기 등심은 비닐 사이에 넣고 주방용 망치로 두드려 육질을 부드럽게 만들어요.

2 너무 세게 두드려 고기가 찢어지지 않게 주의하세요.

3 손질한 고기 앞뒷면에 찹쌀가루를 꼼꼼히 입혀주세요.

4 찹쌀튀김옷을 입혀요.

5 튀김하기 적정한 온도인 170~180도의 기름에 넣고 뽀얗게 튀겨주세요.

6 기름망에 얹어 기름을 빼줍니다.

7 꿔바로우는 자르지 말고 그대로 그릇에 담아 <u>소스</u>를 뿌려내세요.

탕수육소스 만들기

재료
- 물(350ml) □ 설탕(7큰술) □ 진간장(3큰술, 중국간장일 경우 1큰술) □ 식초(4큰술) □ 레몬즙(1큰술) □ 물 녹말(녹말가루 2큰술+물2큰술)

1. 냄비에 분량의 물을 붓고 설탕, 간장, 식초, 레몬즙을 넣고 바글바글 끓여주세요.

2. 간장소스가 끓어오르면 불을 약한 불로 낮추고 녹말물을 조금씩 넣고 저어주세요. 녹말성분이 익으면서 뭉치지 않게 조심하세요.

78 돼지고기 강정

지방이 적당한 돼지고기 앞다리살에 간장양념을 넣어 졸인 돼지고기 강정이에요. 푸짐하게 올린 어린 잎채소 위에 강정을 올려 함께 드시면 좋아요.

재료

- 돼지고기 앞다리살(500g)
- 간장(2큰술) □ 생강즙(1큰술)
- 다진 마늘(1/2작은술)
- 후춧가루(조금) □ 식용유(적당량)
- 잣가루(조금) □ 어린잎채소(50g)
- 조림 양념 : 물(1/2컵), 간장(3큰술), 설탕(2큰술), 물엿(1큰술), 맛술(1큰술), 마늘(3~4쪽), 생강(작은 것 2쪽), 말린 홍고추(2개)

이렇게 만들어요!

1 앞다리살을 작은 크기로 깍뚝썰기해요.

2 간장, 생강즙, 다진 마늘, 후춧가루를 넣어 돼지고기를 재울 양념장을 만들어요.

3 잘라놓은 돼지고기를 볼에 넣고 **2**의 양념을 부어 조물조물 주물러 잠시 재워둬요.

4 달궈진 팬에 튀김기름을 넉넉하게 붓고 재워놓은 돼지고기를 넣어 튀겨낸 후 키친타월에 올려 기름을 제거해요.

5 돼지고기의 기름이 빠지는 동안 소스팬에 물, 간장, 설탕, 물엿, 맛술을 넣고 편으로 썬 생강과 마늘, 말린 홍고추를 넣고 걸쭉해질 때까지 끓여요.

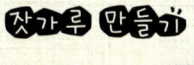

6 함께 넣었던 마늘, 생강, 마른 홍고추는 체로 깨끗이 걸러내세요.

7 **6**의 조림장에 기름을 뺀 돼지고기를 넣고 약한 불에서 조려주세요.

1. 잣 끝에 붙어 있는 고깔을 제거하고 키친타월을 밑에 깔고 잘게 다져주세요.

2. 키친타월 위에서 다지면 이리저리 튀지 않고, 다지면서 생기는 기름을 키친타월이 흡수해 더욱 보슬보슬한 잣가루를 만들 수 있어요.

8 조림장이 끓어오르기 시작하면 약간의 물을 부어 다시 조려주세요. 이런 과정을 2~3번 정도 반복하면서 조림장이 고기에 잘 배어들게 뒤적입니다.

9 어린잎채소를 깔고 위에 돼지고기 강정을 올린 후 다져놓은 잣가루를 솔솔 뿌려내세요.

79 양장피

새콤달콤 톡 쏘는 맛이 일품인 양장피. 알록달록한 색감으로 손님 초대상에 올리면 안성맞춤이에요. 잔치음식의 기름진 입맛을 깔끔하게 정리해주는 메뉴랍니다.

재료
□ 양장피(1장) □ 돼지고기(등심 150g) □ 물에 불린 해삼(80g) □ 목이버섯(5장) □ 표고버섯(3개) □ 대파(1대) □ 오징어(1마리-몸통부분만) □ 새우(12~14마리) □ 파프리카(빨강, 노랑 각 1개씩) □ 오이(1개) □ 당근(1/2개) □ 청주(1큰술) □ 녹말가루(1/2큰술) □ 소금(적당량) □ 후춧가루(조금) □ 굴소스(1큰술) □ 간장(1큰술) □ 참기름(적당량) □ 식용유(적당량) □ 겨자소스

이렇게 만들어요!

1 돼지고기는 청주, 소금, 후춧가루, 녹말가루를 넣고 조물조물 버무려주세요.

2 껍질을 제거한 오징어는 사선으로 칼집을 내서 끓는 물에 데친 후 6~7cm 길이로 채 썰어요. 새우는 껍질과 내장을 제거해서 삶아주세요. 목이버섯은 따뜻한 물에 불려 먹기 좋은 크기로 자르고, 물에 불린 해삼은 깨끗이 씻은 후 채 썰어요. 표고버섯은 대를 제거해서 모양을 살려 썰고 오이, 당근, 파프리카, 대파는 너무 얇지 않게 채 썰어요.

3 오징어, 새우, 오이, 당근, 파프리카를 접시에 예쁘게 담아요.

4 양장피는 끓는 물에 넣어 삶다가 투명해지면 꺼내 찬물에 헹구고 물기를 제거해 먹기 좋은 크기로 잘라요. 참기름(1큰술)과 간장으로 밑간합니다.

양장피는 전분으로 만들어졌기 때문에 미리 삶아 놓으면 불어요.

5 양념한 양장피를 접시 중앙에 예쁘게 담아요.

6 달궈진 팬에 기름을 두르고 돼지고기를 볶아요.

7 6에 물에 불린 해삼, 목이버섯, 표고버섯, 채 썬 대파를 넣어 볶다가 굴소스와 참기름을 넣어 간을 맞춰요.

8 양장피 위에 7을 소복하게 올리고 겨자소스와 함께 냅니다.

겨자소스 만들기

연겨자(1큰술), 마늘(1작은술), 꿀이나 설탕(2큰술), 레몬즙(2큰술)을 잘 섞어주세요.

유산슬

유산슬은 채 썰어 볶은 재료에 녹말물을 풀어 걸쭉하게 만들어 먹는 중국요리예요. 재료의 맛이 각각 살아 있으면서 서로 조화롭게 잘 어우러지는 순하고 부드러운 맛으로 술안주나 손님상에 올리시면 좋아요.

재료

- 돼지고기(잡채용 150g)
- 깐 새우(60g)
- 물에 불린 해삼(60g)
- 표고버섯(3~4개)
- 팽이버섯(1봉)
- 부추(100g)
- 죽순(100g)
- 대파(1대)
- 통마늘(5개)
- 녹말물(3큰술, 물+녹말=1:1)
- 소금(1/2작은술)
- 후춧가루(조금)
- 굴소스(1½큰술)
- 참기름(1큰술)
- 깨소금(조금)
- 식용유(적당량)

이렇게 만들어요!

1 팽이버섯은 밑동을 제거한 후 가닥가닥 찢고 표고버섯은 대를 제거하고 얇게 썰어요. 죽순도 결이 보이게 얇게 썰고 부추, 대파, 불린 건해삼은 길이 6~7cm 길이로 채 썰어 준비해요. 마늘은 편으로 썰고, 돼지고기는 소금과 후추로 밑간해두세요.

2 달궈진 팬에 기름을 두르고 먼저 파와 마늘을 살짝 볶아 향을 내요.

3 2에 돼지고기를 넣고 볶아요.

4 물에 불린 해삼, 깐 새우와 다른 야채들도 더해 넣고 재빨리 볶아요.

5 굴소스를 넣어 간을 맞추고 녹말물을 넣어 걸쭉하게 농도를 맞춰요.

6 마지막으로 참기름을 넣어 섞어주세요.

유산슬 덮밥

유산슬을 밥과 함께 담아내시면 근사한 한 끼 식사가 만들어져요.

닭말이치즈튀김

쫄깃한 닭다리살에 야채와 치즈를 넣어 돌돌 말아 튀겨낸 닭튀김 요리예요. 입안에서 은은하게 느껴지는 깻잎이 아주 향긋하답니다. 맛있게 튀겨진 닭튀김에는 달콤한 칠리소스를 곁들여 드시면 좋아요.

 **재료**
- 닭다리살(300g) □ 소금(1/3작은술) □ 후추(조금) □ 우유(적당량) □ 양파(1/2개) □ 깻잎(5~8장) □ 슬라이스치즈(5장)
- 튀김가루(1½컵) □ 달걀(1개) □ 빵가루(1½컵) □ 식용유(적당량) □ 스위트칠리소스(적당량)

이렇게 만들어요!

1 껍질을 벗기고 기름을 떼어 낸 닭다리살을 깨끗이 씻어 물기를 빼요.

2 닭고기 위에 위생비닐을 덮고 주방용 망치로 두드려 넓고 편평하게 해주세요.

3 소금, 후춧가루로 밑간한 후 우유를 부어 잠시 재워요.

4 깻잎은 씻어서 물기를 제거하고 양파를 결대로 얇게 채 썰어 준비해요.

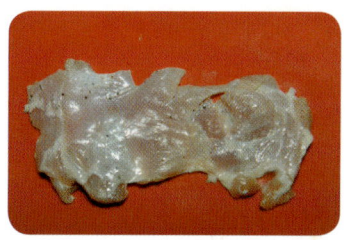

5 손질한 닭고기를 넓게 펼쳐 놓아요.

6 닭고기 위에 물기를 제거한 깻잎을 얹어요.

7 슬라이스치즈와 채 썬 양파를 올려주세요.

8 재료가 빠져나오지 않게 돌돌 말아주세요.

9 말아놓은 닭고기를 튀김가루, 달걀물, 빵가루 순서로 옷을 입혀요.

10 약불에서 달궈진 기름에 넣고 앞뒤 노릇하게 튀겨 주세요.

기름의 온도가 너무 높으면 빵가루는 타고 닭고기는 익지 않을 수 있으니 주의하세요.

11 잘 튀겨진 닭고기를 반으로 자른 다음 먹기 좋게 꼬치에 꽂아 그릇에 담고 스위트칠리소스와 함께 내세요.

82 치킨 나초

치킨 나초는 전채요리로 멕시칸 스타일의 샐러드와 부드러운 체다 치즈가 녹아든 담백한 닭안심살의 조화가 환상적인 토르티야 요리예요. 상큼한 사워크림과 아보카도를 듬뿍 얹은 양상추 샐러드를 곁들여보세요.

재료
☐ 토르티야(2장) ☐ 닭안심(250g) ☐ 소금(1/2작은술) ☐ 후춧가루(1/2작은술) ☐ 우유(적당량) ☐ 올리브유(조금)
☐ 체다 치즈나 모차렐라 치즈(적당량) ☐ 양파(1개) ☐ 양상추(1/2개) ☐ 토마토(1/2개) ☐ 아보카도(1/2개) ☐ 사워크림(적당량)
☐ 할라피뇨

이렇게 만들어요!

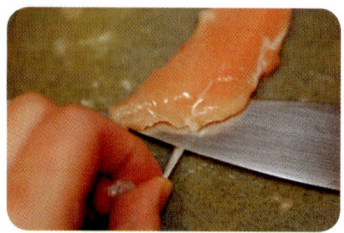

1 힘줄을 제거한 닭안심은 손가락 굵기로 잘라 준비해요.

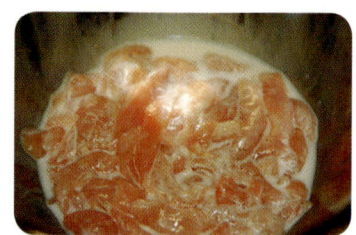

2 힘줄을 제거한 닭안심에 소금과 후추로 밑간하고 냄새제거를 위해 우유를 부어 재워 주세요.

3 손질한 아보카도는 덩어리 없게 으깨주세요.

4 윗면에 십자로 칼집을 낸 토마토를 끓는 물에 넣고 살살 굴려 주세요.

5 껍질이 일어난 토마토를 건져 껍질과 꼭지를 제거해요.

6 껍질을 벗긴 토마토는 깍뚝썰기해요.

7 양상추는 깨끗이 씻어서 물기를 제거한 뒤 채 썰어주세요.

8 달궈진 팬에 올리브유를 두르고 닭안심을 노릇하게 구워주세요.

9 닭안심을 작게 잘라 주세요.

10 팬에 올리브유를 두르고 결대로 잘라 놓은 양파를 넣어 투명해질 때까지 볶아주세요. 소금과 후추로 밑간해요.

11 팬에 토르티야를 얹고 볶아 놓은 양파와 구운 닭안심을 올려주세요.

12 재료가 보이지 않을 만큼 체다 치즈(or 모차렐라 치즈)를 듬뿍 올려주세요.

13 180도로 예열된 오븐에서 약 5~10분간 치즈가 녹을 때까지 구워주세요.

14 오븐에서 꺼낸 토르티야를 4등분해서 잘라주세요.

15 나초를 접시에 빙 둘러 예쁘게 담고 나초 위에는 할라피뇨를 잘라서 올려주세요. 접시 중앙에는 양상추, 토마토, 아보카도, 사워크림을 듬뿍 얹어냅니다.

아보카도 손질하기

1. 아보카도는 씨를 중심으로 반으로 잘라주세요.

2. 칼로 씨를 탁 내리쳐 찍은 다음 씨를 좌우로 살살 비틀어 빼내세요.

3. 칼로 껍질을 벗겨내요. 충분히 잘 익은 아보카도일수록 무르고 껍질색이 짙으며 껍질도 쉽게 잘 벗겨져요.

83 치킨 퀘사디아

이름이 생소하다고 만들기 어려울 것 같다는 생각이 드시죠? 하지만 시중에 판매되고 있는 닭가슴살과 스파게티 소스를 이용해서 아주 쉽고 간단하게 만들 수 있는 치킨 퀘사디아예요.

 **재료**
- 캔 닭가슴살(캔2개) ☐ 양파(1/2개) ☐ 피망(1개) ☐ 체리토마토(6~7개) ☐ 시판 스파게티소스(10큰술) ☐ 모차렐라 치즈(200g)
- 토르티야(2장) ☐ 파마산치즈(적당량) ☐ 소금(조금) ☐ 후춧가루(조금) ☐ 올리브유

 이렇게 만들어요!

1. 피망과 양파는 결대로 길쭉길쭉하게 채 썰고 체리토마토는 4등분해서 잘라요.

2. 닭가슴살은 체에 밭쳐 물기를 제거해요.

3. 달궈진 팬에 약간의 올리브유를 두르고 준비한 채소와 닭가슴살을 넣어 볶아주세요. 소금과 후추로 살짝 밑간해요.

4. 스파게티 소스를 넣고 볶아주세요.

5. 파마산치즈를 넣어 걸쭉하게 농도를 맞춰주세요.

6. 토르티야 위에 볶은 재료들을 얹고 피자치즈도 듬뿍 올려주세요.

7. 토르티야를 반달 모양으로 접어주세요.

8. 180도로 예열된 오븐에서 20~30분간 피자치즈가 충분히 녹을 때까지 구운 후 3등분해서 잘라요.

84 유린기

청양고추와 채 썬 파를 토핑으로 얹어 마늘간장소스를 끼얹어 먹는 닭요리 유린기는 파삭한 닭고기와 새콤달콤한 마늘간장소스가 잘 어울려 깔끔하고 담백한 맛이에요. 중식당에서만 맛봤던 유린기. 간단한 재료로 집에서도 외식 분위기를 연출해보세요.

재료
- 닭가슴살(250g) □ 녹말가루(1큰술) □ 진간장(2큰술) □ 설탕(1큰술) □ 후춧가루 □ 식용유(적당량) □ 양상추(1/2개)
- 대파(1대) □ 청양고추(청고추 2개) □ 홍고추(1개) □ 마늘간장소스(적당량)

이렇게 만들어요!

찬물에 담가두면 파는 매운맛이 제거되고 양상추는 더욱 아삭아삭해져요.

1 파는 채 썰어서 찬물에 담그고 양상추도 먹기 좋은 크기로 찢어 찬물에 담가두세요. 청양고추와 홍고추는 동그란 모양을 살려 잘라주세요.

2 닭가슴살은 녹말가루, 진간장, 설탕, 후춧가루를 넣어 조물조물 무쳐주세요.

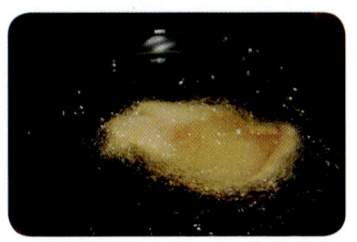

3 양념한 닭가슴살을 노릇노릇 속까지 잘 익게 튀겨주세요.

4 찬물에 담가뒀던 양상추는 물기를 빼고 접시에 담아요.

5 튀긴 닭고기를 먹기 좋은 크기로 잘라 올려요.

6 물기를 뺀 파채와 청양고추, 홍고추를 얹어주고 마늘간장소스를 뿌려내시면 돼요.

마늘간장소스 만들기

진간장(4큰술), 마늘(1/2큰술), 꿀이나 설탕(5큰술), 식초(3큰술), 참기름(1/2큰술)을 작은 볼에 넣고 잘 섞어요.

재료

- 닭다리살(500g)
- 소금(1/3작은술)
- 후추(조금)
- 우유(적당량)
- 녹말가루(3큰술)
- 녹말물(녹말가루 100g+물 150ml)
- 달걀 흰자(1개분)
- 식용유(적당량)
- 대파(1개)
- 소스 : 스위트칠리소스(3큰술), 토마토케첩(2큰술), 꿀(1큰술)

85 파닭

파채는 모든 육류요리와 굉장히 잘 어울리는 것 같아요. 파채를 튀긴 닭고기에 소복이 올려 소스와 함께 버무려 먹는 파닭은 아이들에게도 인기만점이랍니다. 아이들 간식용으로는 새콤달콤하게, 어른들 술안주로 만들 때는 핫소스를 넣어 매콤하게 만들어보세요.

이렇게 만들어요!

1 껍질을 벗기고 기름을 떼어 낸 닭다리살을 깨끗이 씻어 물기를 빼요. 먹기 좋은 크기로 잘라 소금, 후춧가루로 밑간한 후 우유를 부어 잠시 재워요.

2 닭고기를 재우는 동안 파는 미리 채 쳐서 물에 담가주세요.

3 닭고기를 재웠던 여분의 우유는 따라버리고 녹말가루(3큰술)를 넣고 닭고기와 잘 섞어요.

4 녹말가루(100g)에 물(150ml)을 섞어 녹말물을 만들어 잠시 놔두면 맑은 물과 녹말성분이 위아래로 분리가 돼요. 이때 윗물을 따라버리고 밑에 가라앉은 녹말에 달걀 흰자를 넣고 잘 섞어 튀김옷을 만들어 **3**의 닭고기를 넣고 튀김옷을 입혀주세요.

5 튀김하기 적정한 온도인 170~180도의 기름에 넣고 튀겨주세요.

6 먹기 전에 노릇하게 한 번 더 튀겨내고 키친타월에 올려 기름을 제거해요.

7 스위트칠리소스, 토마토케첩, 꿀을 섞어 소스를 만들어요.

8 튀긴 닭고기를 큰 볼에 넣고 **7**의 소스와 버무려주세요.

9 양념 닭고기는 그릇에 푸짐히 담고 위에는 물기를 제거한 파채를 소복하게 올려내요.

86 카레치킨

닭고기를 우유에 재워놓으면 육질도 부드러워지고 고기의 비린내도 잡을 수 있는데요. 닭튀김을 할 때 아이들이 좋아하는 카레가루를 튀김반죽에 조금 넣어보세요. 카레향이 솔솔 풍기는 카레치킨은 식감을 자극하기에 충분하답니다. 식으면 다시 손이 가지 않는 닭튀김과는 다르게 카레치킨은 식어도 맛있어요.

재료

- 닭다리살(500g) □ 소금(1/3작은술) □ 후추(조금) □ 카레가루(1/2큰술) □ 튀김가루(3큰술)
- 튀김옷(튀김가루100g+얼음물150ml) □ 식용유(적당량) □ 소스 : 토마토케첩(2큰술), 꿀(1큰술), 파슬리가루(조금)

 ### 이렇게 만들어요!

1 한입 크기로 자른 닭다리살에 소금과 후추를 넣고 조물조물 밑간을 해요.

2 닭다리살에 카레가루와 튀김가루(3큰술)를 넣어 버무려주세요.

3 튀김가루와 얼음물로 만든 튀김반죽에 닭다리살을 넣어 튀김옷을 고루 묻혀주세요.

4 튀김하기 적정한 온도인 170~180도의 기름에 넣고 튀겨주세요. 먹기 직전에 한 번 더 튀겨 주세요.

5 노릇하게 잘 튀겨진 닭고기는 키친타월에 올려 기름을 제거해요.

6 기름기 뺀 치킨을 예쁘게 담아 소스와 함께 냅니다.

먹기 직전에 한 번 더 튀기면 첫 번째 튀김에서 미처 증발하지 못한 수분이 날아가 더욱 바삭해진답니다.

소스 만들기

토마토케첩과 꿀, 파슬리 가루를 잘 섞어 만들어요.

87 닭강정

매콤달콤한 소스에 버무려낸 바삭한 닭강정은 누구에게나 사랑받는 간식이죠. 몸에 좋은 견과류를 잘게 부셔 넣어 고소한 맛에 견과류의 좋은 영양까지 듬뿍 더해보세요.

재료

- 닭다리살(600g) □ 소금(1/3작은술) □ 후춧가루(조금) □ 우유(적당량) □ 전분가루(3큰술) □ 땅콩(40g)
- 소스 : 고추기름(1큰술), 고추장(1큰술), 고춧가루(1큰술), 간장(1큰술), 토마토케첩(2큰술), 우스터소스(2큰술), 물엿(3큰술), 설탕(2큰술), 물(100ml)

이렇게 만들어요!

1 껍질을 벗기고 기름을 떼어 낸 닭다리살을 깨끗이 씻어 물기를 빼요. 한입 사이즈로 자른 닭다리살에 소금과 후추를 넣고 조물조물 밑간하고 우유를 부어 재워두세요.

2 볶은 땅콩을 비닐팩에 넣고 밀대로 밀어 잘게 부숴요.

3 여분의 우유는 따라버리고 전분가루를 넣어 버무려요.

4 튀김하기 적정한 온도인 170~180도의 기름에 넣고 튀겨주세요. 소스에 버무리기 전에 한 번 더 튀겨 주세요.

5 튀긴 닭고기는 망에 올려 기름을 제거해요.

6 멀티팬에 분량의 재료들을 넣고 잘 섞어주세요.

7 약한 불에서 잠시 바글바글 끓여 걸쭉하게 졸여주세요.

8 두 번 튀겨낸 닭튀김과 땅콩을 소스가 담긴 팬에 넣어요.

9 고루 잘 버무려주세요.

88 닭꼬치

닭꼬치와 떡꼬치를 한꺼번에 맛 볼 수 있는 꼬치요리예요. 맵지 않은 양념이라 아이들 간식으로 좋아요. 어른들 술안주로 준비할 땐 매콤한 양념을 발라 구워보세요.

〈간장양념 닭꼬치〉

재료
- 닭다리살(400g) □ 소금(1/2작은술) □ 후춧가루(조금) □ 가래떡(200g) □ 우유(적당량) □ 파슬리(조금)
- 양념 : 진간장(3큰술), 물엿(1큰술), 설탕(1큰술), 맛술(1큰술), 다진 마늘(1/2큰술), 대파(1/2개), 후춧가루(조금), 참기름(1큰술)

 이렇게 만들어요!

1 껍질을 벗기고 기름을 떼어 낸 닭다리살을 깨끗이 씻어 물기를 빼요. 소금, 후춧가루로 밑간 후 우유를 부어 잠시 재워요.

2 진간장, 물엿, 설탕, 맛술, 다진 마늘을 넣고 양념장을 만들어요.

3 가래떡은 끓는 물에 데쳐 말캉한 상태로 준비해요.

4 닭다리살에 잘게 자른 대파와 양념장을 넣고 조물조물 무쳐주세요.

5 4에 떡볶이 떡도 넣어 함께 버무려주세요.

6 한입 크기로 자른 양념 닭고기와 떡을 번갈아 꼬치에 끼워요.

7 기름을 두른 팬에 닭꼬치를 얹어 앞뒤로 잘 익혀요. 구워지는 동안 남은 양념을 계속 덧발라주세요.

8 완성된 닭꼬치 위에 파슬리가루를 뿌려내세요.

〈고추장양념 닭꼬치〉

 **재료**

- 닭다리살(400g) □ 가래떡(200g) □ 파프리카(빨강, 노랑, 주황 각 1/2개씩) □ 양파(1/2개) □ 대파(1개) □ 식용유(조금)
- 닭고기 양념 : 고추장(1큰술), 고춧가루(1큰술), 간장(3큰술), 다진 마늘(1큰술), 물엿(3큰술), 설탕(1큰술), 후춧가루(조금), 참기름(1큰술)
- 꼬치 양념 : 토마토케첩(2큰술), 물엿(1큰술)

1 꼬치에 꽂을 야채를 한입 크기로 썰어요.

2 가래떡은 끓는 물에 데쳐 말캉한 상태로 준비해요.

3 닭고기 양념장을 만들어 손질한 닭다리살에 넣고 버무려주세요.

4 달궈진 팬에 기름을 두르고 닭고기를 구워 한입 크기로 잘라요.

5 꼬치에 닭고기와 야채들을 번갈아 꽂고 꼬치 양념을 떡과 야채에 덧발라주세요. 180도로 예열한 오븐에서 10분 정도 구워요.

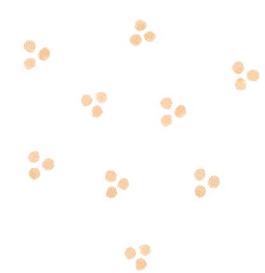

프라이팬에 기름을 살짝 두르고 구워내셔도 돼요.

Part 4_ 제대로 솜씨 부려 투정하는 남편 잠재우기

89 데리야키 치킨구이

달콤짭쪼름하게 만든 데리야키 소스를 발라 오븐에 꼬들꼬들하게 구워 낸 닭요리예요. 아이들 반찬으로도 어른들 술안주로도 아주 좋아요.

재료

- ☐ 닭다리살(700g)
- ☐ 소금(1/3작은술)
- ☐ 후춧가루(조금)
- ☐ 우유(적당량)
- ☐ 식용유(적당량)
- ☐ 파슬리가루
- ☐ 양념 : 데리야키소스(5큰술), 간장(3큰술), 꿀(2큰술), 다진 마늘(1큰술), 후추(1/2작은술), 대파(1/2개)

이렇게 만들어요!

1 닭다리살은 껍질을 벗기고 기름을 제거해서 깨끗이 씻어요. 소금과 후추로 밑간을 한 후 우유에 잠시 재워요.

2 양념장을 만들고 채 썰어 잘게 자른 대파를 넣어 섞어요.

3 1의 닭고기에서 여분의 우유는 따라버린 후 2의 양념장을 넣고 잠시 재워주세요.

4 팬에 식용유를 두르고 양념이 된 닭고기를 1차로 구워요.

5 양념에 조려진 닭고기를 팬에 놓고 2의 양념을 덧발라 180~200도로 예열된 오븐에 10~15분간 구워 수분을 날려요. 마지막으로 파슬리가루를 뿌려 주세요.

데리야키 소스 만들기

재료
- 간장(100ml)   꿀(8큰술)   맛술(5큰술)   통마늘(3~4개)   생강(4~5쪽)
- 피클링 스파이스(1작은술)

1. 작은 냄비에 분량의 간장과 꿀, 맛술을 넣어요.

2. 편으로 저민 통마늘과 생강, 피클링 스파이스를 넣어요.

3. 약한 불에서 바글바글 끓이고 끓어오르면서 생기는 거품은 걷어내요.

4. 걸쭉한 상태로 졸여지면 건더기는 체로 걸러내고 식힌 다음 사용하세요.

마늘닭간장조림

닭고기를 좋아하는 가족들을 위해 마트에 가면 항상 언제 요리할지 모르는 닭다리살을 사들고 와 냉동실에 쟁여두곤 한답니다. 살만을 추려놓은 부위별 닭고기는 아이들 반찬이나 간식을 만들 때 요긴하게 쓰이죠. 반찬이 없을 때 냉동실에 얼려놓았던 닭다리살을 꺼내 집에 있는 간단한 양념으로 조림을 만들어봤어요.

재료
☐ 닭다리살(700g) ☐ 통마늘(10~15개) ☐ 바질가루(1/2큰술) ☐ 다진 파슬리(조금) ☐ 양념 : 간장(8큰술), 꿀(4큰술)

이렇게 만들어요!

1 통마늘은 칼등으로 눌러 으깨요.

2 으깬 마늘을 너무 잘지 않게 다져요.

3 껍질과 지방을 제거한 닭다리살에 다진 마늘과 양념장을 넣고 잠시 재워두세요.

4 멀티팬에 재워놓았던 닭고기를 넣고 바질가루를 넣어요.

5 중불에서 닭고기를 익히다가 양념국물이 졸기 시작하면 약한 불로 줄여 국물없이 졸여주세요.

6 완성된 닭조림을 그릇에 담고 다진 파슬리를 솔솔 뿌려내세요.

칠리새우

우리 가족이 중식당에 가면 탕수육과 함께 꼭 같이 주문하는 메뉴가 있어요. 바로 새콤달콤한 소스에 버무려진 칠리새우인데요. 중식당에서 먹는 칠리새우의 양은 너무 적어 늘 아쉬움이 남아요. 대하가 제철일 때 잔뜩 사다가 집에서 푸짐하게 즐겨보세요.

재료
- 대하(30마리) □ 녹말가루(70g) □ 달걀(1개) □ 소금(1/2작은술) □ 후추(조금) □ 식용유(적당량) □ 스위트칠리소스(4큰술)
- 토마토케첩(3큰술) □ 물(3큰술) □ 설탕(1큰술) □ 식초(1큰술) □ 파프리카(1/2개) □ 피망(1/2개) □ 양파(1/2개)
- 녹말물(3큰술, 녹말:물=1:1)

이렇게 만들어요!

1 새우는 머리, 껍질, 내장을 제거하고 깨끗이 씻어 물기를 제거해요.

2 새우에 녹말가루와 소금, 후춧가루, 달걀을 넣고 조물조물 잘 버무려주세요.

3 2의 새우를 튀김하기 적정한 온도인 170~180도의 기름에 넣고 튀겨주세요.

> 소스에 버무리기 전 다시 튀기면 수분이 날아가 더 바삭한 새우튀김을 만드실 수 있어요.

4 새우튀김은 키친타월에 올려 기름을 제거해요.

5 파프리카, 피망, 양파는 깨끗이 씻어 잘게 다져주세요.

6 달궈진 팬에 기름을 두르고 다진 야채를 넣어 볶아요.

7 스위트칠리소스, 토마토케첩, 물, 설탕, 식초를 넣고 잘 섞어주세요. 녹말물을 넣어 걸쭉하게 농도를 맞춰요.

8 만들어진 소스에 두 번 튀긴 새우를 넣고 고루 버무려 주세요.

Part 4_ 제대로 솜씨 부려 투정하는 남편 잠재우기 221

아몬드 크림새우

고소하고 달콤한 마요네즈소스에 버무려진 바삭한 새우튀김과 상큼한 양상추가 잘 어울리는 메뉴예요. 오독오독 고소한 아몬드를 듬뿍 올려 맛과 영양을 더해보세요. 아몬드 크림새우는 아빠의 술안주로, 아이들의 영양간식으로도 좋아요.

재료
- 칵테일새우(500g) □ 소금(조금) □ 후춧가루(조금) □ 녹말가루(2큰술) □ 녹말반죽 : 녹말(7큰술), 물(200ml), 달걀 흰자(1개분)
- 양상추(1/2개) □ 양파(작은 크기 1개) □ 슬라이스 아몬드(적당량)
- 크림소스 : 마요네즈(120ml), 생크림(90ml), 설탕(4큰술), 레몬즙이나 식초(4큰술)

 이렇게 만들어요!

1 양상추는 한입 크기로 자르고 양파는 동그란 모양을 살려 자른 후 얼음물에 담가두세요.

2 껍질을 제거한 새우를 깨끗이 씻어 물기를 뺀 후 소금과 후춧가루를 조금 넣어 밑간해요.

3 밑간한 새우에 녹말가루(2큰술)를 넣어 잘 버무려주세요.

4 녹말가루(7큰술)에 물(200ml)를 넣어 녹말물을 만들고 물과 녹말로 분리될 때까지 잠시 놔두세요.

5 잠시 후 물과 녹말가루가 분리되면 위에 맑은 물은 조심해서 따라버리고 남은 전분에 달걀 흰자(1개분)를 넣고 잘 섞어주세요.

6 만들어진 녹말반죽에 3의 새우를 넣어 튀김옷을 입혀주세요.

7 170~180도의 튀김하기 적정한 온도의 기름에 넣고 튀겨주세요.

8 잘 튀겨진 새우는 기름망이나 키친타월에 올려 남은 기름을 제거해요.

9 멀티팬에 크림소스가 바글바글 끓기 시작하면 불을 끄고 튀겨놓은 새우튀김을 넣어 잘 버무려 주세요.

10 물기를 제거한 양상추와 양파를 그릇에 담아요.

11 크림소스에 잘 버무려진 새우튀김을 양상추 위에 얹고 슬라이스 아몬드를 뿌려내세요.

크림소스 만들기

1. 작은 볼에 마요네즈, 생크림, 설탕, 레몬즙(식초)을 넣고 잘 섞어주세요.

생크림 대신 연유를 사용하셔도 되는데요, 이때 설탕의 양은 조절하셔야 해요.

2. 잘 섞어놓은 크림소스를 팬에 부어 살짝 끓여 사용합니다.

93 피시 커틀릿

늘 전으로만 부쳐 먹었던 동태포를 이용해서 아이들이 좋아하는 커틀릿을 만들어봤어요. 동태포 사이에는 슬라이스 치즈를 넣어 맛과 영양을 더했어요.

 **재료**
□ 동태포(300g) □ 후춧가루(조금) □ 슬라이스 치즈(1~2장) □ 튀김가루(1/2컵) □ 카레가루(1/2큰술) □ 달걀(1개) □ 빵가루(1컵)
□ 식용유(적당량) □ 타르타르소스(혹은 마요네즈 적당량) □ 부추(50g)

이렇게 만들어요!

1 해동한 동태포에 후춧가루를 뿌려요. 나중에 치즈가 들어가고 튀김옷에 카레가루가 들어가기 때문에 소금은 넣지 않아도 돼요.

2 키친타월에 동태포를 올려 물기를 제거해요.

3 동태포 위에 슬라이스 치즈를 올려요.

4 다른 동태포를 얹어주세요.

5 튀김가루에 카레가루를 섞어 치즈가 샌드된 동태포 앞뒷면에 꼼꼼히 입혀주세요.

6 동태포를 조심스레 들어 달걀물을 입혀주세요.

7 꾹꾹 눌러 빵가루를 입혀요.

8 튀김하기 적정한 온도인 170~180도의 기름에 넣고 튀겨주세요.

9 한쪽 면이 완전히 익기 전까지 뒤적이지 마세요.

10 노릇하게 잘 튀겨진 동태포는 키친타월에 올려 기름을 제거합니다.

11 그릇에 부추를 담고 위에 피시 커틀릿을 올려요. 타르타르소스를 뿌려내세요.

피시버거 만들기

재료
☐ 피시 커틀릿(1조각) ☐ 햄버거 빵(1개) ☐ 양상추(2장) ☐ 양파(1/3개)
☐ 슬라이스 치즈(1장) ☐ 스위트 머스터드소스(1큰술) ☐ 타르타르소스(1큰술)

1. 반으로 가른 햄버거 빵 양쪽 면에 스위트 머스터드소스를 펴 발라요.

2. 빵 위에 양상추, 슬라이스 치즈, 양파, 피시 커틀릿, 타르타르소스, 양상추를 순서대로 올려요.

3. 나머지 빵을 올리시면 끝.

94 새우튀김

튀김요리가 간단해 보이지만 재료 본연의 맛을 잘 살리면서 바삭하게 튀겨내기는 쉽지 않아요. 튀김반죽을 만들어 바삭하게 튀겨내는 게 어렵다면 빵가루를 이용해 보세요. 언제 먹어도 맛있는 새우튀김, 바삭바삭 더 맛있게 만들 수 있어요.

재료
☐ 대하(400g) ☐ 밀가루(1컵) ☐ 달걀(1개) ☐ 빵가루(1컵) ☐ 파슬리가루(조금) ☐ 소금(1작은술) ☐ 후춧가루(조금) ☐ 식용유(적당량)

이렇게 만들어요!

1 새우는 껍질과 내장을 제거하고 깨끗이 씻어 등을 중심으로 반으로 갈라요.

2 손질한 새우에 소금과 후춧가루를 뿌려 밑간해요.

3 새우살 부분에 밀가루를 꼼꼼하게 묻혀요.

4 멍울을 푼 달걀물을 입혀요.

5 꾹꾹 눌러가며 빵가루를 묻혀 주세요.

6 빵가루를 입힌 새우의 앞뒤를 노릇하게 튀겨요.

7 키친타월 위에 올려 기름을 제거해요.

8 그릇에 예쁘게 담고 파슬리가루를 솔솔 뿌려내요.

95 참치스프링롤

참치스프링롤은 군만두와 비슷한 맛이에요. 새콤한 발사믹 식초에 콕 찍어드시면 별미랍니다. 남은 잡채를 라이스페이퍼에 싸서 만드셔도 좋아요.

 재료

- 캔참치(1캔) □ 리챔(1캔)
- 양파(1개) □ 당근(1개)
- 표고버섯(4개) □ 청양고추(1~2개)
- 삶은 당면(300g) □ 소금(조금)
- 진간장(2큰술) □ 물엿(1큰술)
- 참기름(1큰술) □ 라이스페이퍼(15~17장)
- 식용유(적당량) □ 발사믹 식초(적당량)

 이렇게 만들어요!

1 캔참치는 체에 밭쳐 기름을 빼고 리챔, 양파, 당근, 표고버섯은 얇게 채 썰어주세요. 청양고추는 잘게 다져주세요.

2 당면은 끓는 물에 삶은 후 찬물에 헹궈 물기를 빼고 너무 길지 않게 가위로 잘라주세요.

3 달궈진 팬에 기름을 두르고 약간의 소금으로 밑간해서 당근을 볶아주세요.

4 기름을 두른 팬에 표고버섯과 양파, 청양고추를 넣고 소금으로 밑간한 후 볶아요.

5 채 썬 리챔을 볶아요.

6 당면을 잘라놓은 볼에 참치, 리챔, 볶은 채소를 넣어요.

7 진간장, 물엿, 참기름을 넣어 조물조물 양념해요.

8 따뜻한 물에 푹 담가 적신 라이스페이퍼를 바닥에 깔고 7에서 만든 속 재료를 올려요.

9 속 재료가 튀어나오지 않게 예쁘게 말아주세요.

10 팬에 기름을 넉넉히 붓고 약불에서 튀겨내요. 기름에 롤을 둥글려 얇은 겉을 먼저 익혀주세요.

11 노릇하게 튀긴 롤은 키친타월에 올려 남은 기름을 빼주세요.

12 롤을 접시에 예쁘게 담고 발사믹 식초와 함께 내요.

토마토 홍합찜

간을 하지 않고 물만 부어 끓여내도 맛있는 홍합인데요, 토마토소스를 넣어 홍합찜으로 색다르게 변신시켜 봤어요. 와인안주로도 좋은 토마토 홍합찜은 홍합껍질을 집게처럼 이용해서 홍합 알맹이를 쏙쏙 빼먹는 재미 또한 쏠쏠하답니다.

재료

☐ 홍합(880g) ☐ 토마토홀(400g) ☐ 토마토페이스트(2½큰술) ☐ 토마토케첩(3큰술) ☐ 설탕(1/2큰술) ☐ 바질(1/2큰술)
☐ 월계수 잎(4~5장) ☐ 파슬리가루(1작은술) ☐ 후춧가루(1/2작은술) ☐ 화이트와인(1/2컵) ☐ 올리브유

이렇게 만들어요!

1 홍합에 붙어 있는 수염을 제거하고 홍합끼리 비벼 껍질에 붙은 불순물을 깨끗이 제거해 준비해요.

2 올리브유를 두른 팬에 토마토홀을 잘게 잘라 볶아주세요.

3 토마토페이스트와 토마토케첩, 설탕을 넣어 섞어주세요.

4 월계수 잎, 바질, 파슬리가루, 후춧가루를 넣어 뭉근하게 끓여주세요. 마지막에 월계수 잎은 건져내세요.

5 멀티팬에 올리브유를 넣고 뒤적뒤적 홍합을 볶다가 화이트와인을 넣고 뚜껑을 덮어 푹 익혀주세요.

6 만들어놓은 토마토소스를 5에 부어주세요.

7 양념과 잘 섞이도록 계속 뒤적이면서 홍합을 익혀주세요.

97 바지락 와인찜

국이나 찌개에 넣어 국물맛을 내던 바지락에 화이트 와인을 넣어 찜 요리를 만들었어요. 화이트와인은 조개의 비린 맛과 잡냄새를 제거하여 바지락 고유의 맛과 향을 잘 살려준답니다.

 재료

- □ 바지락(600g)
- □ 말린 홍고추(3개)
- □ 통마늘(3~4쪽)
- □ 생강(작은 걸로 1쪽)
- □ 화이트와인(적당량)
- □ 올리브유(2큰술)
- □ 소금
- □ 후추
- □ 파슬리가루

이렇게 만들어요!

1 바지락은 옅은 소금물에 담가 어두운 곳에서 하룻밤 정도 해감한 다음 깨끗이 씻어주세요.

2 마늘은 편으로, 생강은 채 썰어 주시고, 말린 홍고추는 어슷썰기해요.

3 달궈진 팬에 올리브유를 두르고 마늘, 생강, 홍고추를 넣어 살짝 볶아주세요.

4 해감한 바지락을 넣고 볶아주세요.

5 프라이팬을 따라 화이트와인을 한 바퀴 빙 둘러 넣고 센 불에서 조개를 뒤적거리며 조개 입이 벌어질 때까지 충분히 익혀주세요.

6 완성된 바지락찜은 그릇에 담고 파슬리가루를 솔솔 뿌려 상에 내면 됩니다.

Part 4_ 제대로 솜씨 부려 투정하는 남편 잠재우기

98 전복초

전복초는 전복을 양념간장에 국물 없이 조려낸 음식이에요. 예전에 궁중에서는 보양음식으로 즐겨 먹던 요리인데 요즘은 전복초가 폐백음식으로 많이 사용되고 있어요. 전복으로 밥반찬으로도 좋고 손님상에 내놔도 고급스러운 전복초를 만들어보세요.

재료
- 전복(6마리) □ 은행(12알) □ 잣가루(조금)
- 양념장 : 간장(5큰술), 꿀(4큰술), 설탕(1큰술), 참기름(1큰술), 통마늘(3개), 생강(작은것 1개), 홍고추(1개)

이렇게 만들어요!

1 전복은 껍질과 분리한 후 내장과 주둥이를 제거하고 솔로 깨끗이 닦아 사선으로 칼집을 내요.

2 살을 분리하고 난 껍질은 끓는 물에 넣어 잠시 삶아 물기를 제거해요.

전복 손질하기

1. 전복 껍질 부분이 둥근 쪽을 위로 하고 껍질 안쪽으로 살살 숟가락을 밀어 넣어 전복을 분리해요.

3 은행은 볶아 껍질을 제거해요.

4 멀티팬에 간장, 꿀, 설탕, 참기름, 편으로 썬 통마늘과 얇게 채 썬 생강, 어슷 썬 홍고추를 넣고 바글바글 끓여요.

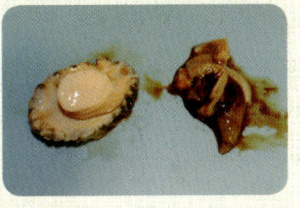

2. 전복의 내장을 제거해요. 전복죽을 끓일 때는 전복 내장만을 따로 갈아서 사용해요.

3. 내장 반대쪽에 있는 딱딱한 주둥이를 제거해요.

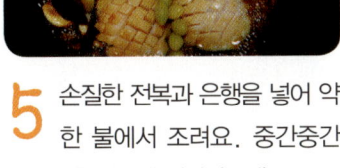

5 손질한 전복과 은행을 넣어 약한 불에서 조려요. 중간중간 양념장을 전복에 끼얹어주세요.

6 양념장이 거의 없이 졸면 불에서 내려요.

7 양념에 조린 전복과 은행을 껍질 안에 예쁘게 담아요.

99 해물칠리떡볶이

매콤달콤한 칠리소스에 떡, 해물, 야채를 넣어 만든 떡볶이예요. 한 그릇 가득 해물의 영양이 담겨 있어요.

재료

- 떡볶이떡(350g) ☐ 오징어(1마리-몸통부분) ☐ 깐 새우(80g) ☐ 깐 바지락(80g) ☐ 홍합(230g) ☐ 파프리카(빨강, 노랑 각 1/2개)
- 피망(1/2개) ☐ 양파(1/2개) ☐ 소금(조금) ☐ 후춧가루(조금) ☐ 식용유(적당량) ☐ 다진 파슬리(조금)
- 소스 : 칠리소스(220g), 토마토케첩(60g), 꿀(50g), 핫소스(15g)

이렇게 만들어요!

1 껍질을 제거한 오징어는 사선으로 칼집을 넣어 한입 크기로 잘라요. 새우, 바지락, 홍합은 깨끗이 씻어 물기를 제거해요.

2 떡볶이떡은 끓는 물에 살짝 데쳐 말캉하게 준비해요. 피망, 파프리카, 양파는 한입 크기로 잘라주세요.

3 달궈진 팬에 식용유를 두르고 홍합, 오징어, 새우, 바지락을 넣고 볶아요.

4 파프리카, 피망, 양파를 넣고 소금과 후춧가루를 넣어 밑간해요.

5 칠리소스, 토마토케첩, 꿀, 핫소스를 넣어 만든 양념장을 넣어요.

6 센 불에서 재빨리 볶아내요.

7 완성된 떡볶이를 그릇에 담고 다진 파슬리를 솔솔 뿌려내요.

새우강정

달콤짭쪼름한 간장소스에 바삭하게 튀긴 새우를 버무려 새우강정을 만들어봤어요. 새우로 만든 색다른 강정의 맛이 궁금하시다면 도전해보세요.

 **재료**
☐ 손질한 새우(470g) ☐ 소금(조금) ☐ 후춧가루(조금) ☐ 전분가루(4큰술) ☐ 달걀(1개) ☐ 식용유(적당량)
☐ 소스 : 간장(2큰술), 물엿(5큰술), 레몬즙(4큰술), 슬라이스 아몬드(35g)

 이렇게 만들어요!

1 껍질을 까서 깨끗이 씻은 새우에 소금과 후춧가루를 조금 뿌려 밑간해요.

2 전분가루와 달걀을 넣고 잘 버무려주세요.

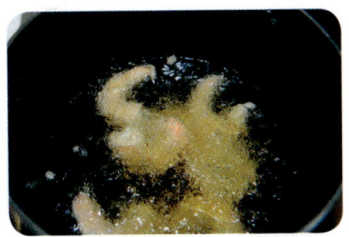
3 튀김하기 적당한 온도인 170~180도의 기름에 넣고 튀겨주세요.

4 튀긴 새우는 튀김망에 올려 기름을 제거하고 소스에 버무리기 직전에 바삭하게 한 번 더 튀겨내요.

5 간장, 물엿, 레몬즙을 멀티팬에 넣고 잘 섞어주세요.

6 약한 불에서 잠시 끓여 간장소스를 만들어요.

7 한 번 더 튀겨 바삭해진 새우튀김을 소스팬에 넣어요.

8 슬라이스된 아몬드도 넣어요.

9 간장소스에 잘 버무려주세요.

가리비구이

제철 가리비에 자투리 야채를 다져넣고 만든 가리비구이랍니다. 가리비는 칼로리와 콜레스테롤이 낮고 단백질과 미네랄이 풍부한 식품으로 이렇게 야채와 함께 조리해 먹으면 부족한 영양분을 서로 보완해줘서 더욱 좋아요.

재료
☐ 가리비(7개) ☐ 당근(1/3개) ☐ 호박(1/3개) ☐ 양파(1/2개) ☐ 청양고추(4개) ☐ 다진 마늘(1/2큰술) ☐ 소금(1/2작은술)
☐ 후추(조금) ☐ 식용유(적당량)

이렇게 만들어요!

1 엷은 소금물에 담가 해감한 가리비는 껍질을 솔로 문질러 깨끗이 닦아주세요.

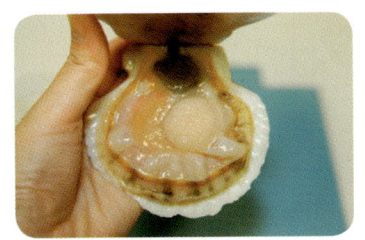

2 가리비의 껍질 사이로 칼을 넣어 윗껍질에 붙은 관자 부분을 살살 잘라 껍질과 살로 분리해요.

3 그릇으로 사용할 가리비 껍질은 버리지 마시고 깨끗이 씻어서 준비해요.

4 내장부분을 제거한 가리비는 잘게 다져주세요.

5 다진 가리비를 큰 볼에 담아요.

6 당근, 호박, 양파, 청양고추도 잘게 다져 넣어요.

7 다진 마늘과 소금, 후춧가루를 넣어요.

8 볼에 담긴 재료들을 잘 섞어주세요.

9 가리비 껍질에 양념한 가리비를 소복이 담아주세요.

10 달궈진 팬에 식용유를 두르고 가리비를 올려 익혀주세요.

11 200도로 예열된 오븐에서 20분 정도 노릇하게 익혀주셔도 돼요.

102 주꾸미전

영양 많은 파프리카를 잘 먹지 않는 아이들을 위해 파프리카와 주꾸미를 잘게 다져넣고 주꾸미전을 만들었어요. 쫄깃쫄깃 씹히는 주꾸미 맛에 반한 아이들이 파프리카가 들어간 걸 알면서도 맛있게 먹었던 전이랍니다. 아이들이 야채를 잘 먹지 않는다면 좋아하는 재료에 야채를 잘게 다져 넣어보세요.

재료
□ 주꾸미(5마리) □ 양파(1/2개) □ 피망(1/2개) □ 파프리카(주황, 빨강 1/2개씩) □ 표고버섯(4개) □ 부침가루(2컵) □ 달걀(1개)
□ 물(1컵) □ 소금(조금) □ 후춧가루(조금)

이렇게 만들어요!

1 내장을 제거한 주꾸미에 밀가루를 넣어 조물조물 주무르고 물로 깨끗이 씻어요.

2 깨끗이 손질한 주꾸미는 잘게 다져주세요.

3 양파, 피망, 파프리카, 표고버섯도 잘게 다져서 준비해요.

4 큰 볼에 다져놓은 재료들을 한데 넣어요.

5 부침가루, 달걀, 물을 부어 잘 섞어주세요.

6 부침가루에는 양념이 되어 있어 소금을 많이 넣으면 짤 수 있어요. 소금과 후춧가루를 조금만 넣어 밑간해요.

7 만든 부침반죽을 한꺼번에 다 부칠 게 아니라면 너무 묽게 반죽하지 마세요. 시간이 지나면서 야채와 주꾸미에서 물이 생겨 반죽이 질어질 수 있어요.

8 달궈진 팬에 기름을 두르고 부침 반죽을 한 숟가락씩 떠 작고 동그랗게 지져내요.

9 완성된 주꾸미전은 초간장과 함께 내요.

꼬막무침

새콤달콤 맛있게 양념장을 만들어 야채와 함께 무쳐낸 꼬막무침은 무침 그대로 드셔도 되고요, 소면을 곁들이거나 따뜻한 밥에 꼬막무침을 듬뿍 얹어 비빔밥을 만들어 드시면 한 끼 식사로 훌륭해요.

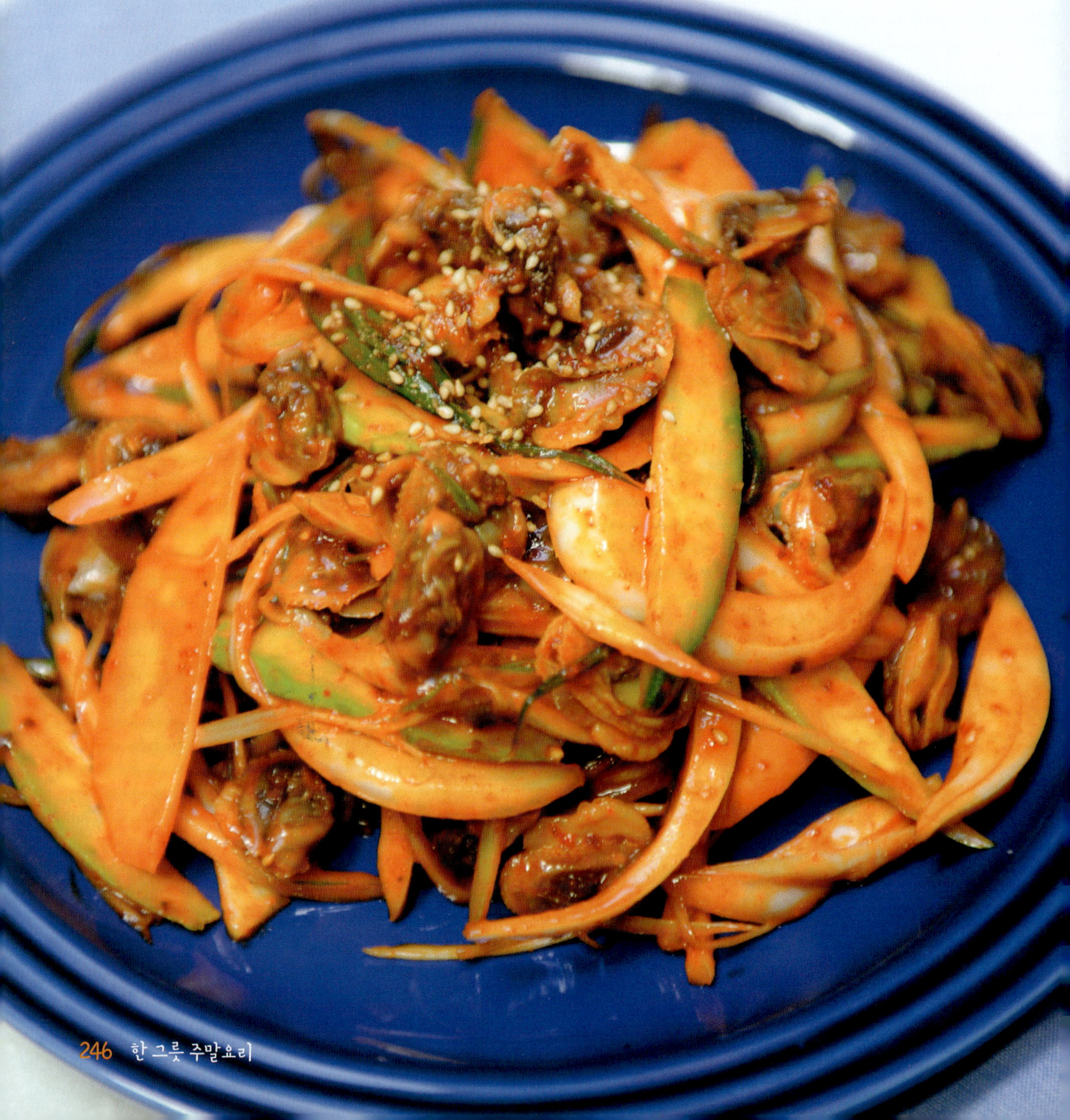

재료
- 꼬막(900g) □ 당근(작은 걸로1개) □ 오이(1개) □ 양파(1/2개) □ 대파(1개) □ 깨소금(조금)
- 양념 : 고추장(1½큰술), 고춧가루(1큰술), 물엿(2큰술), 설탕(1/2큰술), 식초(3큰술), 참기름(1큰술)

이렇게 만들어요!

1 꼬막은 껍질을 서로 문질러 깨끗이 씻은 다음 꼬막이 충분히 잠길 정도의 물을 부어 삶아요. 잘 삶아진 꼬막은 찬물에 살짝만 헹궈 체에 밭쳐 준비해요.

2 꼬막은 껍질을 까서 알맹이만을 준비해요.

3 채칼을 이용해서 채 썬 대파는 찬물에 잠시 담가주세요.

4 당근, 오이, 양파를 적당한 크기로 잘라 준비해요.

5 양념재료들을 작은 그릇에 한데 넣어 양념장을 만들어요.

6 큰 그릇에 꼬막, 잘라놓은 야채, 물기를 제거한 파채를 담아요.

7 만들어 놓은 양념장을 넣고 잘 버무려 주세요.

8 꼬막 무침을 접시에 담고 위에 통깨를 뿌려내세요.

104 묵은지 고등어조림

고슬고슬 잘 지어진 밥에 도톰한 고등어살과 묵은지를 척 걸쳐 먹으면 세상 부러울 게 없다죠? 고등어 조림을 쌈채소에 밥과 함께 싸드셔도 그 맛이 별미랍니다.

재료
- 간고등어(2마리) □ 묵은지(1/4쪽) □ 물(100ml) □ 쪽파(조금)
- 양념 : 고춧가루(1큰술), 고추장(1큰술), 다진마늘(1/2큰술), 매실액(1큰술), 후춧가루(조금)

이렇게 만들어요!

1 간고등어는 쌀뜨물에 잠시 담가 짠맛과 비린 맛을 제거해요.

2 분량의 재료를 잘 섞어 양념장을 만들어요.

3 묵은지는 자르지 말고 준비해요.

무김치를 함께 넣어도 맛있어요.

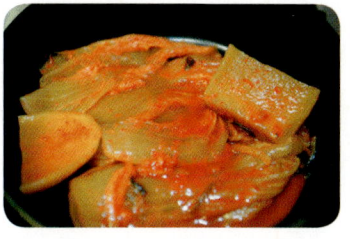

4 조림냄비에 묵은지를 길게 깔아주세요.

5 손질한 고등어를 묵은지 위에 얹어주세요.

6 양념장을 얹고 분량의 물도 부어주세요.

7 중불에서 끓이면서 중간중간 양념장을 고등어 위에 끼얹어 양념이 고루 배어들도록 조려요.

8 자작하게 조려진 고등어와 묵은지를 얌전히 그릇에 담고 송송 썰어놓은 쪽파를 얹어내요.

고등어 데리야키조림

고등어는 성장기 어린이들에게 좋은 영양소가 풍부해서 아이들에게 자주 먹이는 생선이에요. 아이들이 먹기 좋게 고등어의 가시를 다 발라내고 한입 크기로 잘라 데리야키 소스에 조려보세요. 색다른 고등어의 맛에 아이들이 반하게 될 거예요.

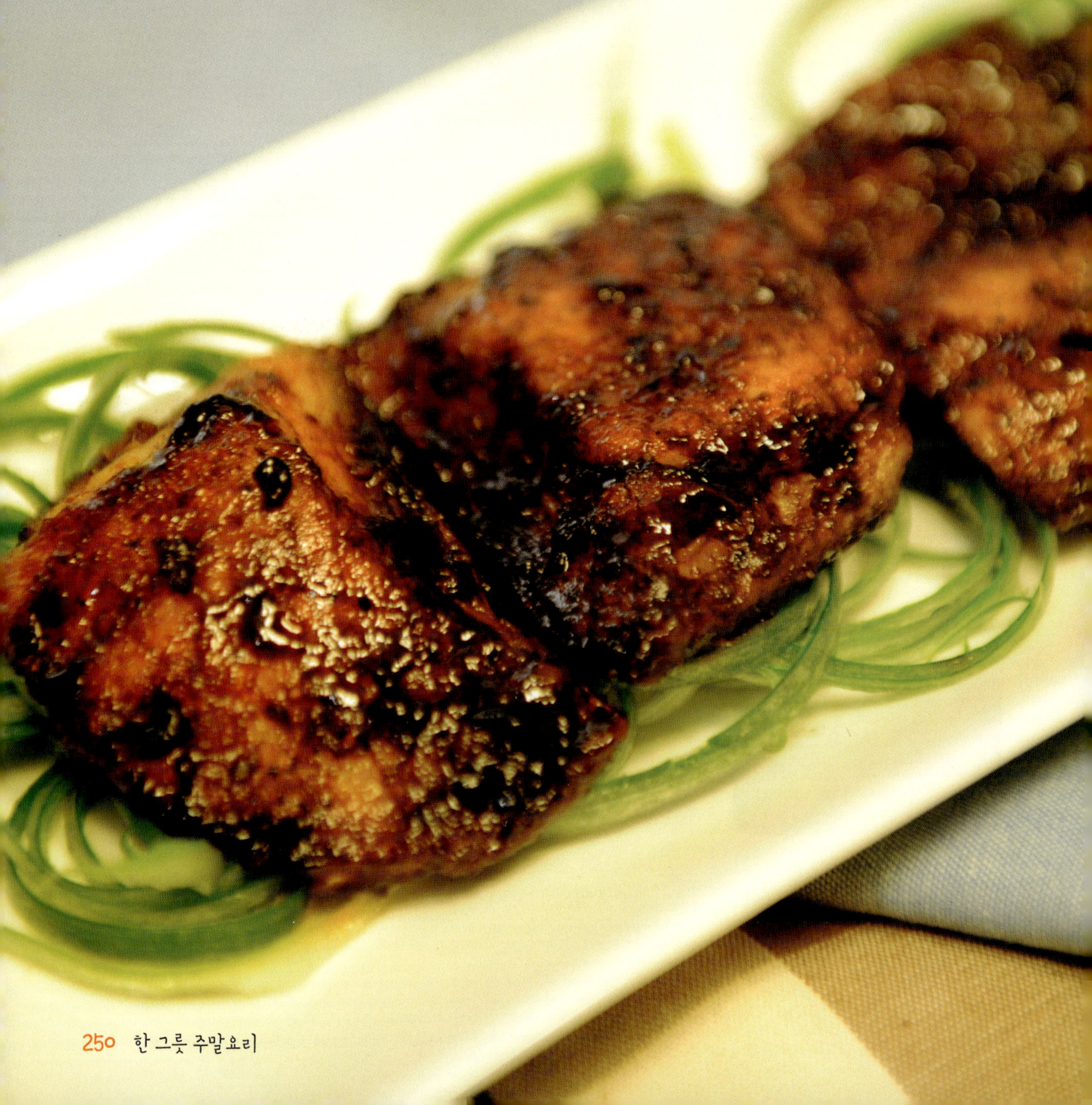

 재료

- 간고등어(가시 제거한 고등어 1마리 반) □ 후춧가루(조금) □ 전분가루(3큰술) □ 식용유(적당량) □ 대파(1개)
- 소스 : 데리야키 소스(2큰술), 매실액(1큰술), 물(50ml)

이렇게 만들어요!

1. 대파는 채를 썰어 찬물에 담가 매운맛을 제거하고 물기를 제거해서 준비해요.

2. 고등어를 반으로 갈라요.

3. 먹기 좋게 고등어의 큰 가시와 잔 가시를 모두 제거해요.

4. 한입 크기로 비스듬히 잘라 후 춧가루를 뿌려 주세요.

5. 손질한 고등어의 앞뒤에 전분가루를 입혀주세요.

6. 달궈진 팬에 오일을 두르고 전분가루 묻힌 고등어를 노릇하게 구워주세요.

7. 데리야키 소스, 매실액, 물을 섞어 소스를 만들어 구워진 고등어에 부어 주세요.

8. 양념이 고루 잘 배어들도록 고등어를 앞뒤로 뒤집어가며 조려요.

9. 접시에 물기를 제거한 파채를 담고 위에 조려진 고등어를 얹어주세요.

05

우리 가족의
건강을 위한
달콤하고 시원한 디저트

106 리에주와플
107 꽈배기
108 찐빵
109 당고
110 화과자
111 식혜
112 복숭아 슬러시 & 사과 슬러시
113 에이드
114 복분자 아이스크림
115 커피 아이스크림
116 커피생캐러멜
117 견과류캐러멜

106 리에주와플

와플반죽에 복분자주스의 건강함을 더해 만든 리에주와플이에요. 얼마 전부터 와플이 브런치 메뉴로 많은 사랑을 받고 있는데요. 리에주와플은 반죽에 이스트를 넣어 부풀린 와플이랍니다. 와플에 초코시럽과 메이플시럽을 뿌리고 과일 등을 함께 내면 아이들 간식이나 브런치로 아주 좋은 메뉴예요.

재료

- 와플 반죽 : 강력분(150g), 박력분(100g), 설탕(50g), 소금(1t), 인스턴트 이스트(5g), 우유(50g), 복분자 주스(45g), 달걀(30g), 버터(60g) ※ 버터, 달걀, 우유는 베이킹 전 실온 보관으로 차지 않은 상태에서 사용합니다.
- 토핑 : 슈가파우더(적당량), 블랙베리(또는 복분자 6~7개), 초코시럽(적당량), 메이플시럽(적당량)

이렇게 만들어요!

1 체 친 밀가루(강력분, 박력분)에 설탕, 소금, 이스트는 서로 닿지 않게 넣어주세요.

2 복분자 주스, 계란, 우유를 넣고 반죽하다가 가루류가 뭉쳐질 때쯤 버터를 넣어주세요.

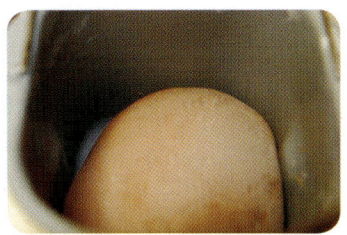

3 한 덩어리로 잘 뭉쳐진 반죽은 비닐을 덮고 따뜻한 곳에서 30~40분간 발효해요.

4 발효가 끝난 반죽은 잘 치대어 가스를 빼고 반죽이 마르지 않게 비닐을 덮어 10분간 중간발효해요.

5 중간발효가 끝난 반죽은 50g씩 분할해서 둥글린 다음 비닐을 덮어 약 30분간 2차 발효해요.

6 반죽이 들러붙지 않게 와플팬에 식용유나 버터를 발라주고 반죽을 올려주세요.

7 뚜껑을 덮어 노릇하게 구워내요.

8 와플과 블랙베리를 그릇에 담고 메이플시럽과 초코시럽을 지그재그로 뿌려주세요. 마지막으로 슈가파우더를 솔솔 뿌려 마무리합니다.

꽈배기

요즘은 먹을거리가 워낙 다양해 꽈배기가 아이들의 큰 관심을 얻지 못하지만 저 어릴 때는 꽈배기를 얻어먹기 위해 어머니가 시장가실 땐 항상 따라가곤 했어요. 막 튀겨내 뜨끈한 꽈배기에 하얀 설탕을 듬뿍 묻혀 놓은 재래시장의 그 꽈배기가 어쩜 그리도 맛있었는지요. 제게는 옛 추억을 폴폴 떠올리기에 충분한 추억의 맛이랍니다.

재료(꽈배기 14개 분량)

- 빵 반죽 : 강력분(400g), 탈지분유(15g), 인스턴트 이스트(7g), 설탕(15g), 소금(5g), 달걀(1개), 우유(100ml), 물(200ml), 버터(30g)
- 설탕(적당량), 식용유(적당량)

※ 버터, 달걀, 우유는 베이킹 전 실온 보관으로 차지 않은 상태에서 사용합니다.

이렇게 만들어요!

1 강력분과 탈지분유는 체 치고 설탕과 소금, 이스트는 서로 닿지 않게 넣어주세요.

2 달걀, 우유, 따뜻한 물을 넣고 반죽합니다. 가루류가 한 덩어리로 뭉쳐질 때 버터를 넣어주세요.

3 반죽이 끝나면 비닐을 덮어 따뜻한 곳에서 약 40분간 1차 발효해요.

4 1차 발효가 끝나고 반죽이 부풀면 주물러서 가스를 빼고 잘 치대주세요.

5 반죽이 마르지 않게 비닐을 덮어 15~20분간 중간발효 해요.

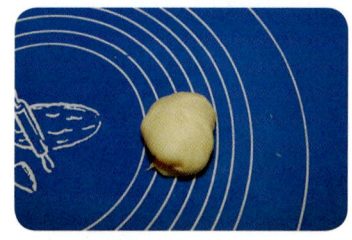

6 중간발효가 끝난 반죽을 50g씩 분할해요.

7 분할한 반죽을 손바닥으로 25~26cm 길이로 길게 밀어주세요.

8 오른손과 왼손을 이용해 가운데를 중심으로 위와 아래 서로 반대방향으로 민 다음 반죽을 반으로 접어 꼬아주세요. 꼬인 반죽 양끝을 맞대어 위로 들어주면 자연스럽게 꽈배기 모양이 만들어져요.

9 반죽이 마르지 않도록 비닐을 덮어 따뜻한 곳에서 약 40분간 2차발효해요.

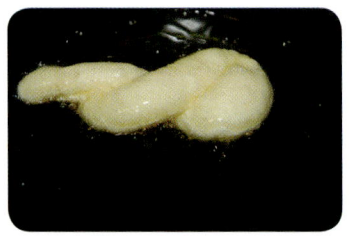

10 2차 발효가 끝나면 부푼 반죽이 꺼지지 않게 조심해서 튀김냄비로 옮겨 튀겨요. 튀김 기름이 끓기 시작하면 꽈배기가 타지 않게 약불로 낮춰 조리해요.

11 노릇하게 잘 익은 꽈배기는 식힘망에 얹어 기름과 남은 수분을 날려주세요.

12 기름이 빠진 꽈배기를 설탕 담은 그릇에 넣고 골고루 설탕을 묻혀주세요. 위생팩에 설탕과 꽈배기를 넣고 함께 흔들어주셔도 좋아요.

견과류 꽈배기 만들기

1. 1차 발효가 끝나고 다시 반죽하는 4의 과정에서 잘게 부순 견과류(30g)를 섞고 반죽이 마르지 않게 비닐을 덮어 15~20분간 중간발효해요.

2. 중간발효가 끝나고 50g씩 분할해서 7~12 과정과 같이 만드시면 돼요.

108 찐빵

추운 겨울날 찐빵 집에서 새하얗게 피어오르는 수증기를 보면 따뜻하고 달콤한 맛이 생각나 그냥 지나치기가 힘들어요. 보들보들 촉촉한 찐빵을 이젠 직접 만들어 보세요. 유명한 찐빵집의 빵맛 부럽지 않은 맛이에요.

재료

- 빵 반죽 : 박력분(250g), 인스턴트 이스트(1ts), 설탕(20g), 소금(3g), 물(150g), 오일(15ml)
- 팥 앙금(270g : 30g씩 9개 분량)

이렇게 만들어요!

1 박력분은 체 치고 설탕과 소금, 이스트는 서로 닿지 않게 넣어주세요.

2 따뜻한 물과 오일을 넣고 반죽해요.

3 반죽이 끝나면 비닐을 덮어 따뜻한 곳에서 약 20~25분간 1차 발효해요.

4 1차 발효가 끝나고 반죽이 두 배로 부풀면 주물러서 가스를 빼고 잘 치대주세요.

5 반죽을 50g씩 분할해서 동그랗게 둥글려주세요.

6 30g씩 동그랗게 빚어놓은 팥 앙금을 올리고 반죽을 꼬집어 오므려주세요.

7 유산지 위에 6의 반죽을 올리고 비닐을 덮어 따뜻한 곳에서 15분간 2차발효해요.

8 잘 부푼 반죽을 김이 오르는 찜통에 넣어 뚜껑을 닫고 20~25분간 쪄주세요.

9 부풀어 오르던 반죽이 금세 꺼질 수 있으니 찌는 동안 찜통뚜껑은 열지 마세요.

〈쑥 찐빵〉

재료
- 빵 반죽 : 박력분(250g), 인스턴트 이스트(1ts), 설탕(20g), 소금(3g), 데친 쑥(75g), 물(150g), 오일(15ml)
- 팥 앙금(300g : 30g씩 10개 분량)

이렇게 만들어요!

1 쑥이 많을 때 데쳐 냉동보관했다가 요리나 베이킹에 사용하시면 좋아요.

2 데친 쑥과 물(140g)을 믹서기에 넣어 덩어리 없이 갈아요.

3 박력분은 체 치고 설탕과 소금, 이스트는 서로 닿지 않게 넣어주세요.

4 2에서 갈아놓은 쑥과 오일을 넣고 반죽해요.

5 반죽이 끝나면 비닐을 덮어 따뜻한 곳에서 약 20~25분간 1차 발효합니다.

6 1차 발효가 끝나고 반죽이 두 배로 부풀면 주물러서 가스를 빼고 잘 치댑니다.

7 반죽을 50g씩 분할해서 동그랗게 둥글려주세요.

8 30g씩 동그랗게 빚어놓은 팥 앙금을 올리고 반죽을 꼬집어 오므려주세요.

9 유산지 위에 8의 반죽을 올리고 비닐을 덮어 따뜻한 곳에서 15분간 2차발효해요.

10 잘 부푼 반죽을 김이 오르는 찜통에 넣어 뚜껑을 닫고 20~25분간 쪄주세요.

109 당고

당고는 동글동글하게 빚은 찹쌀경단을 꼬치에 끼워 먹는 일본식 디저트예요. 일본으로 여행갔을 때 먹어보곤 그 맛에 단번에 반했던 기억이 나요. 그 당고맛만은 못하겠지만 예전 그 맛을 떠올리며 흉내내봤어요.

재료

- ❶ 찹쌀가루(200g), 소금(1/4작은술), 뜨거운 물(140ml)
- ❷ 찹쌀가루(185g), 쑥가루(20g), 소금(1/4작은술), 뜨거운 물(175ml)
- 간장소스 : 간장(7큰술), 흑설탕(5큰술), 꿀(3큰술), 물(3큰술)

이렇게 만들어요!

1 ❶ 찹쌀가루에 소금을 섞고 뜨거운 물을 조금씩 부어가며 익반죽해요.

2 지름 2.5~3cm 크기로 동그랗게 빚어주세요.

3 팔팔 끓는 물에 넣어 익혀요.

4 잘 익은 찹쌀반죽이 물 위에 동동 떠오르면 건져내세요.

5 찬물에 잠시 담갔다가 건져요.

> 너무 오래 찬물에 담가두면 찹쌀경단이 단단해지니 주의하세요.

6 ❷ 찹쌀가루, 쑥가루, 소금을 섞고 뜨거운 물을 조금씩 부어가며 익반죽해요.

7 지름 2.5~3cm 크기로 동그랗게 빚어주세요.

8 팔팔 끓는 물에 넣어 익혀요.

9 잘 익은 찹쌀반죽이 물 위에 동동 떠오르면 건져내세요.

10 찬물에 잠시만 담갔다가 건져요.

11 찹쌀경단을 꼬치에 4개씩 꽂아요.

12 경단을 접시에 담고 간장소스를 뿌려내세요.

간장소스 만들기

1. 간장, 흑설탕, 꿀, 물을 넣고 잘 섞어요.

2. 소스팬에 붓고 약한 불에서 졸여요.

3. 양이 반으로 걸쭉하게 졸아들면 불을 꺼요.

# 화과자

예쁜 모양으로 선물을 해도 손색이 없는 화과자를 만들어봤어요. 시중에서 판매되는 화과자는 알록달록한 색감과 모양으로 예쁘긴 하지만 너무 단맛이 지나칠 때가 있는데 홈메이드 화과자는 단맛을 조절할 수 있어 좋아요. 모양도 예쁘지만 쫀득쫀득 맛도 있는 화과자를 이제는 집에서 만들어 보세요.

재료
- 화과자 반죽용 백앙금(500g) □ 화과자 반죽용 쌀가루(80g) □ 소로 사용할 백앙금(150g) □ 설탕(50g)
- 천연색소 : 단호박가루, 복분자가루, 딸기가루, 오미자가루, 녹차가루, 쑥가루

1 커다란 볼에 백앙금과 쌀가루를 넣고 잘 섞어 반죽해요.

2 동글납작하게 빚어 김이 오르는 찜통에 넣어 뚜껑을 덮고 40분간 쪄주세요.

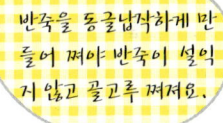

반죽을 동글납작하게 만들어 쪄야 반죽이 설익지 않고 골고루 쪄져요.

3 화과자 반죽이 익는 동안 화과자 안에 넣을 백앙금 소를 15g씩 분할해서 동그랗게 빚어 준비해요.

4 잘 쪄진 반죽은 다른 그릇에 담아 열기를 식히고 수분을 날려주세요.

5 충분히 식은 반죽을 큰 볼에 옮겨 담고 분량의 설탕을 넣어 잘 치대줍니다.

6 천연색소를 섞어 색을 내기 전에 반죽을 적당히 분할해서 동글려 놓아요.

7 천연색소를 준비하고 둥글려 놓은 반죽에 조금씩 더해 치대가며 필요한 색상의 화과자 반죽을 만들어요.

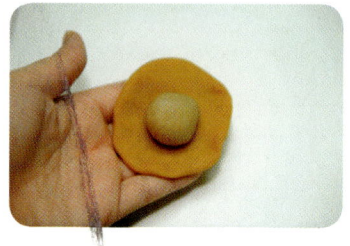 

8 필요한 색상의 반죽을 떼어 동글납작하게 펼쳐 빚은 후 3에서 준비한 백앙금을 반죽 가운데에 올리고 속재료가 보이지 않게 잘 오므려 빚어주세요.

9 호박모양 화과자의 경우 동그랗게 공 모양으로 만든 반죽을 살짝 눌러 납작하게 만들고 사진과 같이 칼금을 만들어 주세요.

10 호박꼭지 모양은 쑥가루 반죽을 모양틀로 찍어 얹어주세요.

11 준비한 색색깔의 반죽으로 다양한 모양의 화과자로 빚어주시면 돼요.

식혜

식혜는 주로 명절 때 많이 만들어 드시죠? 저희 집에선 식혜를 좋아하는 아이들 때문에 평소에도 자주 식혜를 만드는데요. 만들어 김치냉장고에 보관하면서 음료수 대신 마시면 아주 좋아요. 특히나 무더운 여름 살얼음이 아작아작 씹히는 식혜는 그 어떤 음료수 부럽지 않답니다.

 **재료**
☐ 엿기름(500g) ☐ 물(5L) ☐ 설탕(500~700g) ☐ 쌀밥(1공기)

이렇게 만들어요!

1 커다란 볼에 엿기름과 미지근한 물을 넣고 1시간가량 충분히 불린 후 주물러주세요.

2 체반에 베주머니를 얹어 엿기름을 걸러내고 뽀얀 엿기름물을 받아요. 물을 더 부어 같은 과정을 2~3번 더 반복해요. 더 이상 뽀얀 엿기름물이 나오지 않으면 엿기름 찌꺼기를 꼭 짜서 버려요.

3 뽀얀 엿기름물을 1시간 정도 그대로 놔둬요.

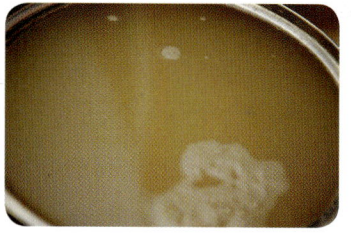

4 투명하고 말간 윗물만을 따로 받고 밑에 가라앉은 하얀 녹말 성분은 버려요.

5 ❶ 전기밥솥에 4의 맑은 물의 일부를 붓고 밥을 넣어 4~5시간 보온상태로 설정해요.
❷ 밥솥에 넣고 남은 맑은 물은 큰 들통에 부어 한 번 끓여요.

6 4~5시간 후 밥솥의 밥알이 동동 떠오르면 엄지와 검지로 비벼보세요. 끈적이지 않고 도르르 말리면 잘 삭은 거예요.

7 ❶번의 밥알 삭힌 물을 ❷와 한데 합쳐 넣고 단맛을 봐가며 설탕을 넣고 팔팔 끓여요.

8 한소끔 끓인 후 식혔다가 냉장고에 넣어 차게 보관하세요.

복숭아 슬러시 & 사과 슬러시

가끔은 사오는 과일이 맛이 없을 때가 있어요. 버릴 수도 없고 냉장고에서 천덕꾸러기가 되기 십상인데요. 그럴 땐 깨끗이 손질해서 꿀에 재워두시면 좋아요. 꿀에 절여놨던 과일을 갈면 즉석 생과일주스도 만들 수 있고 얼음을 넣어 갈면 아이들이 좋아하는 웰빙 슬러시를 만들 수 있어요.

 **재료**
☐ 복숭아(4~5개) ☐ 꿀(적당량) ☐ 얼음(적당량)

 이렇게 만들어요!

1 복숭아 껍질을 깎아 깍둑썰기해서 밀폐용기에 담고 꿀을 넣어 재워요.

2 재워놨던 복숭아와 꿀이 녹아 있는 과일즙, 얼음을 믹서에 넣어요.

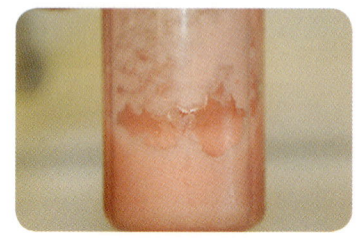

3 덩어리가 없게 갈아요.

4 그릇에 담아내요.

사과 슬러시

같은 방법으로 맛이 없는 사과도 꿀에 재워 놨다가 주스, 슬러시, 잼 등을 만들어 이용하면 좋아요.

 에이드

제철과일이나 과일 통조림을 이용해서 손쉽게 만들 수 있는 음료 에이드예요. 과일에 꿀을 넣고 갈아뒀다가 먹기 바로 전에 시원한 탄산음료와 섞어 편리하게 만들어 드실 수 있답니다. 여름철 무더위를 한방에 날려 줄 거예요.

재료
□ 딸기(10~15알) □ 오렌지(1개) □ 키위(3개) □ 꿀(3큰술) □ 사이다(1.5L 1병) □ 얼음(적당량) □ 장식용 과일

이렇게 만들어요!

1 오렌지는 겉과 속껍질을 벗기고 알맹이만 준비해요.

2 키위는 껍질을 까서 준비해요.

3 딸기는 깨끗이 씻어서 꼭지를 따요.

4 손질한 과일을 믹서기에 담고 꿀을 한큰술씩 넣어 덩어리가 없게 잘 갈아요. 나중에 사이다랑 섞을 것을 감안해서 꿀을 넣어주세요. 과일이 충분히 달다면 꿀은 생략하셔도 돼요.

5 곱게 갈아진 과일주스를 컵에 1/3 정도 담아요.

6 얼음을 넣어주세요.

7 사이다를 적당량 부어주세요.

8 오렌지, 딸기, 키위를 잘라 예쁘게 장식해요.

복분자 아이스크림

집에서 만든 플레인 요구르트에 복분자 주스를 섞어 만든 요거트 아이스크림이에요. 생크림이나 달걀이 들어가지 않아 아이스크림의 부드러운 맛은 덜하지만 셔벗과 같은 상큼하고 깔끔한 맛이 매력이랍니다. 직접 만든 플레인 요구르트와 복분자로 만든 아이스크림, 홈메이드 웰빙 아이스크림이라 해도 되겠죠?

재료
플레인 요구르트(400g) 꿀(150g) 복분자 원액(50~70g) 블랙베리(20~25알)

이렇게 만들어요!

1 플레인 요구르트에 복분자 원액과 꿀을 넣어 섞어요.

2 아이스크림 메이커를 작동시키고 만들어진 아이스크림액을 조금씩 흘려 넣어요.

3 복분자 생과가 있다면 복분자도 함께 넣어 만들면 좋아요.

4 약 30분가량 아이스크림 메이커를 작동시켜 아이스크림액이 걸쭉하게 부풀어 오른 상태로 만들어요.

5 걸쭉하게 만들어진 아이스크림을 밀폐용기에 담아 냉동실에서 몇 시간 더 단단하게 굳혀요.

6 냉동실에서 단단하게 굳은 아이스크림을 아이스크림 쿠퍼로 동그랗게 떠서 그릇에 담아요.

요거트 아이스크림

요거트 아이스크림에 시리얼과 슬라이스 아몬드 등 견과류를 얹고 초코시럽을 더해 내셔도 좋아요.

115 커피 아이스크림

식후에 시원하고 달콤한 아이스크림은 최고의 디저트가 아닐까요? 시판 커피믹스를 넣어서 커피 아이스크림을 만들어 봤어요.

Part 5_ 우리 가족의 건강을 위한 달콤하고 시원한 디저트

 **재료**
☐ 아메리카노 믹스(3봉) ☐ 우유(200ml) ☐ 생크림(200ml) ☐ 꿀(3큰술) ☐ 장식용 초콜릿 빈

이렇게 만들어요!

1 작은 볼에 분량의 우유와 생크림을 담아주세요.

2 믹스커피를 넣고 잘 섞어요.

3 꿀이나 설탕으로 입맛에 맞게 단맛을 조절해요.

4 아이스크림 메이커를 작동시키고 만들어진 아이스크림액을 조금씩 흘려 넣어요.

5 약 30분가량 아이스크림 메이커를 작동시켜 아이스크림액이 걸쭉하게 부풀어 오른 상태로 만들어요.

6 걸쭉하게 만들어진 아이스크림을 밀폐용기에 담아 냉동실에서 몇 시간 더 단단하게 굳혀요.

7 단단하게 굳은 아이스크림을 쿠퍼를 이용해서 동그랗게 떠 예쁘게 담고 초콜릿 빈으로 장식해요.

116 커피생캐러멜

베이킹을 하다보면 생크림이 남을 때가 종종 있어요. 생크림은 유통기한이 짧아 오래 보관하기도 힘들거든요. 그럴 땐 생크림으로 캐러멜을 만들곤 해요. 입안에서 살살 녹는 부드러운 맛. 만들어서 선물하기도 좋아요.

재료
☐ 생크림(160g)　☐ 물엿 혹은 꿀(90g)　☐ 설탕(60g)　☐ 소금(2g)　☐ 믹스커피(5봉)　☐ 헤이즐넛(50g)

이렇게 만들어요!

1 팬에 생크림, 물엿, 설탕, 소금을 넣고 약한 불에 올려 끓여요.

2 생크림이 끓어오르기 시작하면 믹스커피를 넣어요.

3 커피를 섞은 생크림이 졸면 헤이즐넛을 넣고 조금 더 걸쭉하게 조려주세요.

4 무스틀 밑에 종이호일을 깔고 조린 생크림을 부어요. 시원한 곳에서 캐러멜을 잘 굳혀요.

5 굳은 캐러멜은 틀에서 잘 분리해요.

6 적당한 크기로 잘라요.

7 종이호일을 적당한 사이즈로 잘라 사탕을 싸듯 싸주세요.

117 견과류캐러멜

여러 가지 견과류와 건과일에 꿀을 함께 넣어 조려낸 캐러멜이에요. 견과류의 고소함에 자꾸자꾸 손이 간답니다. 디저트로 준비해 보세요.

재료
□ 피스타치오(50g) □ 아몬드(50g) □ 호두(50g) □ 잣(50g) □ 크랜베리(50g) □ 꿀이나 물엿(120~150g) □ 계피가루(1/2작은술)

이렇게 만들어요!

1 견과류는 비닐팩에 넣고 방망이로 두드려서 잘게 부숴요. 크랜베리는 칼로 잘게 다져요.

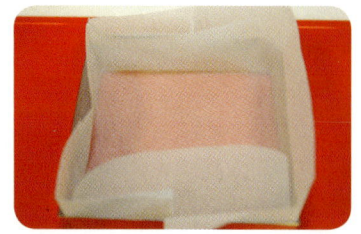

2 종이호일을 깐 틀을 미리 준비해요.

3 팬에 견과류와 크랜베리를 넣어요.

4 꿀을 넣고 약불에 올려 조려요.

5 계피가루를 넣어 잘 섞어요.

6 주걱으로 떠서 재료가 뚝뚝 떨어지는 느낌이 나면 불에서 내려요.

7 꿀에 조려진 견과류를 틀에 부어요.

8 주걱을 이용해서 고르게 윗면을 정리하고 2~3시간 실온에서 단단히 굳혀요.

9 완전히 굳으면 틀에서 분리해요.

10 먹기 좋게 한입 크기로 잘라 종이호일로 싸주세요.

요리 재료 & 도구 구입하는 사이트

식재료구입 사이트

1. 동원몰
www.dongwonmall.com

2. 풀무원
www.pulmuoneshop.co.kr

3. 이마트몰
www.emartmall.com

4. 트루라이프
www.etruelife.com

5. 타코하우스
www.tacohouse.co.kr

6. 대상수산
www.susanara.com

7. 고창복분자 베리팜
www.berryfarm.kr

8. 장보고몰
www.e-jangbogo.com

9. 참새방앗간
www.dduk21.com

10. 니혼마트
www.nihonmart.com

요리 재료 & 도구 구입하는 사이트

요리도구 구입 사이트

1. 더센스리빙
www.thesenseliving.co.kr

2. 2001 아울렛 인터넷 쇼핑몰
http://www.2001outlet.com/shop

3. THE DA.IN
www.thedain.com

4. 로이트리
www.loweitree.com

5. 슈에뜨홈
www.e-chouette.co.kr

6. Mama's Zakka
www.mamaszakka.com

7. 컨츄리앤하우스
www.countrynhouse.co.kr

8. 키친키친
www.kitchen-kitchen.co.kr

9. 소품테라스
www.sopumbaguni.co.kr

10. the kumo
www.thekumo.com

간단한 레시피로 만드는
근사한 식탁

한그릇
주말요리